O jornalista e o assassino

O jornalista e o assassino

Janet Malcolm

Uma questão de ética

TRADUÇÃO
Tomás Rosa Bueno

POSFÁCIO DA EDIÇÃO BRASILEIRA
Otavio Frias Filho

1ª reimpressão

JORNALISMO LITERÁRIO
COMPANHIA DE BOLSO

Copyright © 1990 by Janet Malcolm

Grafia atualizada segundo o Acordo Ortográfico da Língua Portuguesa de 1990, que entrou em vigor no Brasil em 2009.

TÍTULO ORIGINAL
The journalist and the murderer

CAPA E PROJETO GRÁFICO
Flavia Castanheira

CRÉDITOS DAS IMAGENS
Capa: Colette, Kimberley e Kirsten MacDonald, as vítimas.
Quarta capa: Joe McGinniss, o jornalista (à esquerda) © NYT/
The New York Times/ LatinStock.
Jeffrey MacDonald, o assassino (à direita) © Steve Liss/ Time Life Pictures/
Getty Images.

INDICAÇÃO EDITORIAL
Carlos Maranhão

REVISÃO
Renato Potenza Rodrigues
Adriana Moretto de Oliveira

Dados Internacionais de Catalogação na Publicação (CIP)
(Câmara Brasileira do Livro, SP, Brasil)

Malcolm, Janet
    O jornalista e o assassino: uma questão de ética / Janet
Malcolm ; tradução Tomás Rosa Bueno. — 1ª ed. — São Paulo :
Companhia das Letras, 2011.

    Título original: The Journalist and the Murderer.
    ISBN 978-85-359-1834-2

    1. Assassinos — Estados Unidos — Biografia 2. Ética
jornalística — Estados Unidos 3. Jornalismo — Aspectos sociais
— Estados Unidos 4. Jornalismo — Objetividade — Estados
Unidos 5. Jornalistas — Estados Unidos — Biografia
6. MacDonald, Jeffrey R., 1943- 7. McGinniss, Joe. Visão fatal
8. Reportagens investigativas — Estados Unidos I. Título

11-01876   CDD-174.9097

Índices para catálogo sistemático:
1. Ética jornalística 174.9097
2. Jornalismo e ética 174.9097

2021
Todos os direitos desta edição reservados à
EDITORA SCHWARCZ S.A.
Rua Bandeira Paulista, 702, cj. 32
04532-002 — São Paulo — SP
Telefone: (11) 3707-3500
www.companhiadasletras.com.br
www.blogdacompanhia.com.br
facebook.com/companhiadasletras
instagram.com/companhiadasletras
twitter.com/cialetras

Para Andulka

*De modo que, então, um romancista é o mesmo
que um jornalista. É isso que o senhor está dizendo?*

Pergunta feita pelo juiz William J. Rea durante
o julgamento do caso MacDonald-McGinniss,
7 de julho de 1987

SUMÁRIO

O jornalista e o assassino 11

Posfácio da autora 143
Posfácio da edição brasileira 159

Sobre a autora 171

Qualquer jornalista que não seja demasiado obtuso ou cheio de si para perceber o que está acontecendo sabe que o que ele faz é moralmente indefensável. Ele é uma espécie de confidente, que se nutre da vaidade, da ignorância ou da solidão das pessoas. Tal como a viúva confiante, que acorda um belo dia e descobre que aquele rapaz encantador e todas as suas economias sumiram, o indivíduo que consente em ser tema de um escrito não ficcional aprende — quando o artigo ou livro aparece — a *sua* própria dura lição. Os jornalistas justificam a própria traição de várias maneiras, de acordo com o temperamento de cada um. Os mais pomposos falam de liberdade de expressão e do "direito do público a saber"; os menos talentosos falam sobre a Arte; os mais decentes murmuram algo sobre ganhar a vida.

A catástrofe, para aquele que é tema do escrito, não é uma simples questão de um retrato pouco lisonjeiro, ou de uma apresentação errônea das suas opiniões; o que dói, o que envenena e algumas vezes o leva a extremos de desejo de vingança, é o engano de que foi vítima. Ao ler o artigo ou livro em questão, ele tem de enfrentar o fato de que o jornalista — que parecia tão amigável e solidário, tão interessado em entendê-lo plenamente, tão notavelmente sintonizado com o seu modo de ver as coisas — nunca teve a menor intenção de colaborar com ele na sua história, mas pretendia, o tempo todo, escrever a sua própria história. A disparidade entre o que parece ser a intenção de uma entrevista quando ela está acontecendo e aquilo que no fim ela estava de fato ajudando a fazer é sempre um choque para o entrevistado. A situação deste é semelhante à das cobaias do famoso experimento psicológico de Stanley Milgram (realizado em Yale no início dos anos 1960), que eram levadas a acreditar que estavam participando em um estudo do efeito da punição sobre o aprendizado e a memória, quando de fato o que estava sendo estudado era a aptidão delas para a crueldade quando pressionadas por uma autoridade. Em uma engenhosa imitação de laboratório, a "cobaia ingênua" — um voluntário que havia respondido a um anúncio publicado em um jornal de New Haven — recebia a instrução de aplicar choques cada vez mais dolorosos a uma pessoa, presumivelmente outro voluntário, a cada resposta errada que este desse às perguntas de um teste. Em *Obedience to authority* [Obediência à autoridade], o livro que publicou descrevendo o experimento, Milgram escreve sobre a sua surpresa com o grande número de cobaias que obedeciam ao experimentador e continuavam apertando a alavanca embora o indivíduo que recebia os choques estivesse gritando de dor — ou melhor, de dor simulada, visto que a coisa toda era uma montagem: o aparelho elétrico ao qual a vítima estava atada era uma peça de cenário e a própria vítima era um ator. A ideia de Milgram fora ver de que maneira um americano comum se comportaria quando colocado em uma situação grosseiramente comparável à dos alemães comuns que recebiam ordens de participar de maneira ativa na destruição dos judeus da Europa. Os resultados não foram nada animadores. Embora uns poucos indivíduos tenham se recusado a prosseguir com o experimento ao primeiro sinal de mal-estar da vítima, a maioria deles continuava docilmente aplicando um choque após o outro. O que interessa, porém, não é o arrepiante experimento de Milgram, mas a *estrutura* da situação: o engano deliberadamente induzido, seguido por um momento de arrasadora revelação. A estonteante mudança de perspectiva experimentada pela cobaia do experimento quando era "desinstruída" ou, como diz Milgram, "deslograda", é comparável ao deslocamento sentido pelo indivíduo que é tema de um artigo ou livro quando o lê pela primeira vez. A personagem de um escrito não sofre a tensão e a ansiedade por que passa a cobaia do "experimento Eichmann" (tal como foi chamado) — ao contrário, ela goza de uma espécie de férias narcisistas durante o período das entrevistas — mas, quando chega o momento da peripécia, ela é confrontada com o mesmo espetáculo mortificante de ser reprovada em uma prova de caráter pela qual ela não sabia estar passando.

Contudo, ao contrário do leitor de *Obedience to authority*, a quem Milgram revela os detalhes técnicos do logro, o leitor de um trabalho jornalístico só pode imaginar como foi que o escritor conseguiu fazer com que o entrevistado se expusesse daquele modo. O entrevistado, por sua vez, não estará muito inclinado a fornecer a resposta. Após ser deslograd, ele se recompõe e afasta-se do desastre, relegando o seu relacionamento com o jornalista à lata de lixo dos casos de amor que acabaram mal e que é melhor esquecer. De vez em quando, o entrevistado fica tão envolvido com o jornalista que não consegue abandoná-lo e até muito tempo depois, quando o livro mortificante já passou para a seção de saldos das livrarias, a relação é mantida mediante o interminável processo que o entrevistado move para manter o escritor ligado a ele. Mesmo nesse caso, porém, a perfídia do jornalista não fica exposta, pois o advogado que assume o caso do entrevistado traduz a sua história de sedução e traição em uma ou várias das narrativas tradicionais dos processos por difamação, tais como injúria de caráter, ou falsa exposição dos fatos, ou franca desconsideração pela verdade.

No verão de 1984, um entrevistado moveu contra um jornalista um processo surpreendente em que a narrativa subjacente de amor traído não foi traduzida em nenhuma dessas narrativas tradicionais, mas foi, em vez disso, contada abertamente — e, além disso, foi contada de modo tão convincente que, no julgamento, cinco dos seis jurados foram persuadidos de que um homem que estava cumprindo três sentenças consecutivas de prisão perpétua pelo assassinato da esposa e de duas filhas pequenas merecia mais simpatia que o escritor que o enganara.

Fiquei sabendo do caso após o fim do julgamento, quando recebi uma carta, datada de 1º de setembro de 1987, de um certo

Daniel Kornstein. A carta, que fora enviada para cerca de trinta jornalistas em todo o país, começava do seguinte modo:

> Sou o advogado que defendeu Joe McGinniss, o autor de *Fatal vision* [Visão fatal], em um julgamento de seis semanas de duração recentemente concluído em Los Angeles. Tal como é possível que a senhora saiba, o processo foi movido por Jeffrey MacDonald, condenado por três assassinatos e protagonista do livro de McGinniss.
>
> O julgamento terminou sem que se chegasse a um veredicto. Embora o queixoso não tenha conseguido nada, a possibilidade de um novo julgamento significa que, na verdade, as questões levantadas pelo primeiro estão ainda vivas, abertas, não decididas. Com efeito, uma das juradas — que admitiu não ter lido nenhum livro desde que saiu da escola secundária — disse depois, segundo consta, que teria concedido "milhões e milhões de dólares, para dar um exemplo a todos os escritores, de modo que eles ficassem sabendo que não podem dizer inverdades" àqueles que entrevistam.

Kornstein prosseguia caracterizando o processo — por fraude e quebra de contrato — como uma tentativa "de estabelecer um precedente segundo o qual um repórter ou escritor ficaria legalmente obrigado a revelar o seu estado de espírito e atitude em relação ao entrevistado durante o processo de escrita e de pesquisa", e falando da "grave ameaça a liberdades jornalísticas estabelecidas" que tal precedente representaria:

> Pela primeira vez, permitiu-se que um entrevistado descontente processasse um escritor com base em premissas que tornam irrelevantes a verdade ou a falsidade do que foi publicado. [...] Agora, pela primeira vez, a conduta e o ponto de vista do escritor durante todo o processo criativo tornaram-se uma questão a ser resolvida pelo tribunal do júri. [...] A queixa de MacDonald sugere que os repórteres de revistas e jornais, bem como os escritores, podem ser, e serão, processados por escreverem artigos

verdadeiros, mas pouco lisonjeiros, se por acaso tiverem agido de modo a indicar uma atitude solidária em relação ao entrevistado.

Juntamente com a carta, Kornstein enviou transcrições dos depoimentos de William F. Buckley Jr. e Joseph Wambaugh, que haviam servido de testemunhas periciais para a defesa, e extratos do seu próprio discurso de encerramento, "no qual tentei enfatizar a gravidade e o alcance dessa nova ameaça à liberdade de expressão". Concluía dizendo que "tanto Joe McGinniss como eu mesmo achamos que o perigo está suficientemente claro e presente para merecer a sua atenção e a sua preocupação".

Aceitei a oferta de Kornstein — não sei se algum dos demais jornalistas para quem ele escreveu fez o mesmo — e poucos dias depois estava indo de carro para Williamstown, no estado de Massachusetts, para falar com Joe McGinniss na casa dele. Eu aguardava ansiosamente a entrevista, que seria a primeira de uma série de conversações gravadas que McGinniss e eu planejáramos manter nas próximas semanas. Eu nunca havia entrevistado um jornalista antes e estava curiosa a respeito do que aconteceria entre mim e um entrevistado com formação de jornalista, e não ingênuo. Nesse caso, claramente, não haveria nada do mal-estar moral que o entrevistado ingênuo quase impõe ao jornalista como o preço que este deve pagar por mais uma oportunidade de salientar a fragilidade da natureza humana. McGinniss e eu seríamos menos como um experimentador e sua cobaia do que como dois experimentadores caminhando do laboratório para casa e discutindo amigavelmente os problemas da profissão. O gravador conservaria as coisas incisivas que disséssemos; ninguém ia "fazer" nada a ninguém. A conversa seria séria, de alto nível, talvez até animada e espirituosa.

Não foi assim que as coisas se deram. McGinniss recusou o papel de coexperimentador, preferindo o de entrevistado. Após a primeira hora das cinco que passamos juntos, deixei de esforçar-me para preservar o meu roteiro de conversação elevada entre confrades e cedi ao imperativo de McGinniss de que jogássemos o velho jogo da Confissão, mediante o qual os jornalistas ganham o pão e os entrevistados entregam-se ao masoquismo. Pois no fundo, é claro, nenhum entrevistado é ingênuo. Toda viúva ludibriada, todo amante desiludido, todo amigo traído, toda personagem de um texto sabe, de algum modo, o que o espera, e mantém a relação mesmo assim, impelido por algo mais forte que a razão. Que McGinniss, que já entrevistou centenas de pessoas e conhece esse jogo até de trás para a frente, tenha apesar disso se mostrado para mim como um homem na defensiva, farisaico e assustado, só demonstra o poder dessa força. Quando estávamos chegando ao final do dia, ele contou-me um sonho que tivera na noite anterior. "Eu estava no tribunal em Los Angeles, em um segundo julgamento, e disse, 'Não, isto não pode estar acontecendo. Ainda não estou pronto para isto, é cedo demais, ainda não me recuperei do primeiro'. Quando acordei, hoje de manhã, a minha análise amadora do sonho disse-me que se tratava de uma alusão à nossa conversa de hoje. Ela seria o meu novo julgamento. Não me pareceu muito sutil. A mensagem estava bem na superfície." Às seis da tarde, o gravador indicou que a fita acabara, e embora McGinniss estivesse esperando que eu pusesse uma nova, resolvi encerrar a entrevista. Quando, dois dias depois, ele me telefonou para cancelar as nossas entrevistas futuras e disse que queria "deixar isso tudo para trás", não fiquei surpreendida, mas bastante aliviada: havia começado a sentir que a confissão de McGinniss não era nova. Alguém havia estado lá antes de mim, e alguma coisa estava sendo repetida para mim. Poucas semanas depois, ao ler as transcrições do julgamento MacDonald-McGinniss, soube de quem e de que se tratava. Aquilo de que McGinniss não se recuperara ainda — e que estivera sem dúvida revivendo desamparadamente na sua imaginação durante o encontro comigo — era um interrogatório de quatro dias e meio conduzido por Gary Bostwick, o advogado do queixoso. Bostwick malhou McGinniss até que restasse pouca coisa dele. O que McGinniss experimentou durante o julgamento foi o mesmo que se experimenta naqueles pesadelos em que se é pego com a mão na massa, do qual se desperta com lágrimas de gratidão por ter sido apenas um sonho. Só a pessoa de coração mais duro poderia ler a transcrição do interrogatório conduzido por Bostwick sem ficar com pena de McGinniss. Mas até o defensor mais incondicional do direito dos jornalistas a fazerem o seu trabalho da maneira desagradável que quiserem não poderia fazer mais que imaginar como McGinniss pôde ter sido imprudente a ponto de deixar atrás de si — na forma de cerca de quarenta cartas a MacDonald — um registro escrito da sua má-fé.

McGinniss tem 48 anos e já publicou seis livros, dos quais o mais recente é *Blind faith* [Fé cega], de 1989. O primeiro, *The selling of the president, 1968* [A promoção do presidente, 1968], escrito quando ele tinha 26 anos, trouxe-lhe fama e aclamação imediatas. Durante a campanha presidencial de 1968, disputada por Nixon e Humphrey, ele havia sido admitido aos círculos mais íntimos da agência de publicidade contratada por Nixon, e no seu livro ele revelou as técnicas mediante as quais se fez com que Nixon parecesse menos medonho na televisão. Isso aconteceu nos primeiros dias do uso da televisão na política, e as revelações de McGinniss (hoje em dia muito bem-comportadas) pareciam espantosas e ameaçadoras. O candidato derrotado, Humphrey, foi citado na orelha do livro como tendo dito que "o maior erro que já cometi em minha vida política foi não ter aprendido a usar a televisão", e "estou lutando contra a política do embrulho. É uma abominação um homem colocar-se inteiramente nas mãos de técnicos, de *ghost writers*, de especialistas e de pesquisadores de opinião, que fazem dele apenas um embrulho atraente".

Durante a nossa conversa, McGinniss contou-me como acontecera de ele escrever *The selling of the president*, e surpreendeu-me ao dizer que fez a proposta de cobrir a campanha de publicidade de uma candidatura presidencial primeiro para o comitê de Humphrey. "O pessoal de Humphrey disse, 'Você está louco? Isto é tudo secreto. O público não pode ficar sabendo disso. De jeito nenhum'. A agência de publicidade de Humphrey era a Doyle Dane Bernbach, um grupo muito sofisticado que reconheceu imediatamente que um livro que chamasse a atenção para o processo viria contra os seus interesses, de modo que me negaram qualquer acesso. O pessoal do Nixon era tão ingênuo que chegava a comover. Disseram, 'Oh, nossa, é mesmo — um livro? Sim, claro'. Eram pessoas que não estavam acostumadas a que alguém escrevesse sobre elas." Então, como se o fantasma de Bostwick tivesse acabado de aparecer ao lado dele, McGinniss acrescentou: "Mas não se pode dizer que eu tenha sentido que fosse a minha obrigação dizer todas as manhãs, quando chegava no escritório deles, 'Senhores, tenho que lembrar mais uma vez que sou um democrata registrado que pretende votar contra o sr. Nixon e que acha que o que vocês estão fazendo — tentar enganar o povo americano — é sinistro e malévolo, e que tenho a intenção de retratá-los em termos que não vão considerar lisonjeiros'. Não me sentia na obrigação de fazer essa declaração. E, quando eles estavam falando sobre o que estavam fazendo e me perguntavam, 'O que é que você acha disto?', eu dizia, 'É, parece bom', se eu achasse que estava sendo feito com eficiência. Tentei tornar a minha presença tão discreta quanto possível. E quando o livro foi publicado, eles reagiram indignados ou divertidos, dependendo do senso de humor ou do grau de paixão nixoniana de cada um. Mas nenhum deles pensou que poderia processar-me por ter sido levado a acreditar que eu teria feito algo diferente do que fiz".

O livro seguinte de McGinniss foi um romance, *The dream team* [A equipe dos sonhos], que foi um fracasso de público e de crítica. Depois disso, em 1976, ele publicou um livro curioso, chamado *Heroes* [Heróis]. Trata-se de um trabalho confessional que — como muitos exercícios desse tipo — confessa algo que é diferente daquilo que aquele que faz a confissão pensa estar confessando; ao transformar-se em personagem, o autobiógrafo prepara-se para uma traição não menos profunda que a que chama a si aquele que é personagem dos escritos de outra pessoa. *Heroes* mistura capítulos sobre (entre outras questões pessoais) a incapacidade de McGinniss em ser bom para a sua namorada, Nancy Doherty (que é hoje a sua segunda esposa), devido à culpa que ele sente por ter deixado a esposa e três filhos, com capítulos sobre encontros com figuras públicas como Eugene McCarthy, Ted Kennedy, Daniel Berrigan, George McGovern, William Westmoreland e William Styron, que o desapontam e confirmam a sua opinião de que não há mais heróis no mundo. Antes do seu encontro com McCarthy, para um almoço em um restaurante, McGinniss ensaia o que vai dizer:

> O que eu queria dizer para ele era: "Veja! Você já esteve no centro das coisas. Tudo girava em torno de você. Você havia transformado todo o seu universo em uma bola que você segurava com as mãos e ninguém podia tocá-la. Agora isso se foi. O momento passou. Não vai voltar". Queria dizer que eu também já havia estado no centro das coisas: com 26 anos havia escrito um livro que se tornara o mais vendido entre os livros não ficcionais nos Estados Unidos. Esse livro teve resenhas favoráveis em quase toda a parte. Foi considerado importante e, como o seu autor, eu também era importante. A pessoa mais jovem (segundo me disseram) a escrever um livro que se tornou o primeiro colocado na lista dos mais vendidos do *New York Times*. Sem contar Anne Frank. Depois disso o momento passou. De muitas maneiras, do mesmo modo que McCarthy dera a impressão de fazer, eu havia tentado fazer com que ele passasse. Parte dele precisava não vencer. Parte de mim precisava não ter sucesso. [...] Agora, eu queria perguntar a Eugene McCarthy, *O que é que acontece depois? Onde é que está o centro das coisas? Por que é que não ficamos lá? Será que algum dia voltaremos para lá?*

McCarthy desaponta McGinniss com sua reserva e opacidade. Não se trata de "um homem inclinado a fazer intimidade rapidamente", relata McGinniss, e, para evitar uma expedição etílica que McGinniss organizou quando Howard Cosell apareceu no restaurante, McCarthy saiu de fininho enquanto McGinniss estava no banheiro. Ted Kennedy é igualmente fechado. Em Berrigan,

McGinniss encontra o interlocutor expansivo que estivera procurando, mas na manhã seguinte à noite regada a álcool em que os dois conversaram, McGinniss abre o caderno de anotações no qual ele havia registrado as análises de Berrigan e em vez das "anotações disciplinadas e precisas de um profissional treinado", tudo o que ele encontra são garranchos ilegíveis e o final de uma piada de mau gosto. A não ser por uma única notável exceção, as histórias que McGinniss conta sobre si mesmo em *Heroes* são bem pouco surpreendentes. A exceção é um extraordinário incidente que tem lugar às dez e meia da manhã na cozinha da casa de William Styron em Martha's Vineyard, onde McGinniss passou a noite — a maior parte dela bebendo com Styron, cujo livro *Lie down in darkness* [Deite-se nas trevas] ele lera quatro vezes. McGinniss escreve:

> Acordei às dez e meia e, embora não estivesse ainda bêbado, não estava exatamente sóbrio. A manhã estava sombria e úmida. Desci para a cozinha, procurando algo para comer. Abri a geladeira. A primeira coisa que vi foi a lata de carne fresca de caranguejo, enlatada a vácuo, enviada da Geórgia. Na noite anterior, ele havia falado com detalhes a respeito daquela carne de caranguejo. Era a única carne de caranguejo enlatada dos Estados Unidos, disse ele, que tinha gosto de caranguejo fresco. Era muito cara e extremamente difícil de conseguir, e uma das suas comidas favoritas. Ele estava reservando aquela lata para uma ocasião especial, porque era a última que ele poderia conseguir antes do verão seguinte.
>
> Abri a lata. Ela deu um assobio, como um pacote de café ou como bolas de tênis. Comi um pedaço. Era uma delícia. Fui rapidamente até a despensa e peguei um pouco de farinha. Depois, um pouco de Tabasco e de molho Worcestershire. Depois tirei da geladeira ovos, leite, creme sem soro, manteiga e pimenta verde. Depois, torrei uns cubinhos de pão. Tinha que aprontar tudo antes que ele acordasse. Misturei, enrolei, mexi e derramei, durante vinte minutos. Depois disso, pus tudo no forno. Estava fazendo uma torta de carne de caranguejo: uma receita original.

Como é que ela poderia não dar certo? Eu tinha usado toda a lata grande de carne de caranguejo.

Styron aparece de roupão de banho e, quando fica sabendo o que McGinniss havia feito, não acredita, e depois fica indignado. "Você usou *aquela* carne de caranguejo?", diz Styron, e McGinniss prossegue: "Foi como se ele tivesse chegado e me encontrado fazendo amor com a mulher dele. 'Não esperava isso de você', disse ele". A história tem um final feliz — Styron recobra o humor e a cordialidade depois de comer a torta de carne de caranguejo e achá-la deliciosa — e de maneira pouco convincente. Pois aquilo de que se trata nesse incidente, o que está por baixo da sua superfície descontraída, é o tema terrível do furto prometeico, da transgressão a serviço da criatividade, do roubo como fundação do feito. Que McGinniss seja recompensado pelo seu furto, em vez de ser punido, confunde a questão. Sim, o indivíduo que é personagem de um livro pode às vezes, de má vontade, admitir que o que foi escrito a seu respeito não é ruim, mas isso não torna o escritor menos ladrão. A rara, suculenta carne de caranguejo, extraída da casca, empacotada, selada, refrigerada e zelosamente guardada é como a frágil essência do ser da pessoa, que o jornalista leva embora e transforma em uma gororoba qualquer da sua própria lavra enquanto a pessoa dorme. ("Essa carne de caranguejo tem um sabor muito delicado", lamuria-se o pobre Styron quando ouve falar do Tabasco, do molho Worcestershire, das torradas e do creme sem soro de McGinniss.) Quando escreveu esse capítulo, McGinniss não tinha como saber que um dia ele estaria em um tribunal da Califórnia, tendo o seu fígado destroçado sem a menor piedade por um advogado. Ou será que ele escreveu aquelas cartas para MacDonald para garantir que este seria o seu destino?

McGinniss conheceu MacDonald em junho de 1979, em Huntington Beach, na Califórnia. McGinniss havia terminado, recentemente, *Going to extremes* [Ir até o fim], um trabalho de reportagem sobre o Alasca que deveria restaurar a reputação que perdera com *The dream team* e *Heroes* e estabelecê-lo como um humorista de não poucos talentos. Ele trabalhava na Califórnia como colunista visitante do *Herald Examiner* de Los Angeles, escrevendo uma coluna de comentários leves e rápidos. O encontro com MacDonald, porém, deu um fim às transações de McGinniss com a comédia e levou-o para um gênero — o do "romance policial verídico" — com o qual ele nunca havia trabalhado. Felizmente para ele, os livros desse gênero publicados nos Estados Unidos, hoje em dia, têm aparentemente que cumprir apenas uma exigência — serem interminavelmente longos — e quando *Fatal vision*, o romance policial verídico que McGinniss veio a escrever, chegou às 663 páginas, garantiu para si mesmo o lugar nas listas dos mais vendidos que os editores haviam previsto quando lhe deram um adiantamento de 300 mil dólares.

McGinniss descobriu seu tema graças a uma nota que leu ao percorrer os jornais de Los Angeles em busca de tópicos para a sua coluna: a Associação de Oficiais de Polícia de Long Beach estava patrocinando um jantar dançante para levantar fundos destinados à defesa legal de Jeffrey MacDonald, um médico da região, que estava prestes a ser julgado por assassinato. McGinniss lembrava-se do crime, que havia ocorrido nove anos antes. No dia 17 de fevereiro de 1970, a esposa grávida de MacDonald, Colette, de 26 anos, e as duas filhas do casal, Kimberly e Kristen, de cinco e dois anos e meio de idade, haviam sido mortas a pauladas e facadas no apartamento da família em Fort Bragg, na Carolina do Norte, onde MacDonald estava servindo como médico em uma unidade dos Boinas Verdes. MacDonald foi acusado pelo assassinato e depois absolvido por um tribunal do Exército. Mas a sua história sobre ter acordado com os gritos da esposa e da filha mais velha e visto quatro intrusos — três homens com porretes e facas e uma mulher de cabelos longos segurando uma vela e cantando "Ácido é legal" e "Matem os ratos" — não levou a nenhuma prisão e deixou no ar a questão de por que não haviam sido encontrados vestígios dos intrusos no apartamento e por que razão MacDonald havia sido apenas nocauteado e ligeiramente cortado, enquanto a esposa e as filhas haviam sido mortas com selvageria. Em resposta às pressões de Alfred Kassab, o padrasto da mulher assassinada, o Departamento de Justiça reabriu as investigações em 1971 e conseguiu reunir, contra MacDonald, um número suficiente de provas para levá-lo a julgamento. Nos oito anos que se passaram entre um julgamento e outro, MacDonald tinha se mudado para a Califórnia e havia construído para si mesmo uma vida que não parecia ter sido afetada nem pela perda da família, nem pela sombra de suspeita que o acompanhara desde o dia dos assassinatos. Não tinha se casado de novo e estava levando uma vida tranquila e irrepreensível, no estilo californiano. Era um médico de sucesso, que trabalhava duro — tinha se tornado diretor do pronto-socorro do St. Mary's Hospital, em Long Beach — e vivia em um pequeno apartamento de um prédio à beira-mar, ao qual ele gostava de levar amigos e namoradas, divertindo-os frequentemente com passeios no seu barco de 34 pés chamado (que outro nome além desse?) *Recovery Room* [Sala de Recuperação]. Era um homem bonito, alto, loiro e atlético, de 34 anos, criado em um lar de classe média baixa em Patchogue, Long Island, o segundo de três filhos, e sempre manteve uma espécie de equilíbrio sobrenatural, um ar de quem está à vontade no mundo.

MacDonald conseguiu uma bolsa para Princeton em 1961, depois disso foi para a Escola de Medicina da Northwestern University, e daí para o Columbia-Presbyterian Medical Center, em Nova York, para fazer a sua residência. No verão seguinte ao seu segundo ano em Princeton, e no segundo ano dela em Skidmore, a namorada de MacDonald, Colette Stevenson, ficou grávida. O casal decidiu ter o filho, e os dois casaram-se no outono de 1963. Colette abandonou Skidmore e Kimberly nasceu em Princeton; Kristen nasceu em Illinois. As fotografias de Colette mostram-na como uma moça bonita, loira, com um rosto suave, arredondado; todos os relatos a seu respeito enfatizam a sua reserva, tranquilidade, gentileza e feminilidade tradicional. Na época em que morreu, ela estava fazendo um curso noturno de psicologia no campus de Fort Bragg da North Carolina State University.

Alguns dias antes do jantar dançante de levantamento de fundos, McGinniss foi ver MacDonald no apartamento deste e o entrevistou para a sua coluna. Pouco antes do final da entrevista, MacDonald perguntou a McGinniss se ele gostaria de assistir ao julgamento por assassinato — em Raleigh, na Carolina do Norte — e escrever um livro sobre o caso do ponto de vista da equipe de defesa, com a qual ele viveria, e de cujos planos, estratégias e deliberações ele seria informado. Essa proposta tinha, para McGinniss, um apelo especial. A situação esboçada por MacDonald assemelhava-se à situação vivida por McGinniss com os publicitários da campanha de Nixon, que tivera tão bons resultados. Embora nenhum de nós jamais supere completamente o voyeurismo da infância, em alguns de nós ele permanece mais forte que nos demais — donde o ávido interesse de alguns de nós em estar "por dentro", ou em conseguir uma visão "interna" das coisas. Na minha conversa com McGinniss em Williamstown, ele usou uma imagem interessante: "MacDonald estava claramente tentando manipular-me, e soube disso desde o início. Mas será que eu tinha a obrigação de dizer, 'Espere um pouco. Acho que você está me manipulando, e devo chamar a sua atenção para o fato de que eu sei disso, para que você entenda que não está tendo êxito'? Será que uma campainha deve disparar a uma certa altura? Nunca foi assim antes. Isso poderia inibir qualquer reportagem que não seja a mais superficial. Poderíamos ficar todos reduzidos a ficar parados na rua, entrevistando sobreviventes de incêndios".

McGinniss, é claro, queria estar na própria casa em chamas e, quando MacDonald apresentou a sua proposta, as chamas estavam suficientemente fortes para que McGinniss aceitasse uma condição que outro escritor poderia não ter aceitado — dar a MacDonald uma parte dos ganhos com o livro. McGinniss não foi o primeiro escritor a ser abordado por MacDonald. Por muitos anos, instado pelo seu advogado, Bernard Segal (que o havia defendido no tribunal do Exército e que permaneceu como o seu advogado até 1982), MacDonald estivera se oferecendo como tema para os escritores. A ideia — fantasiosa, como se viu depois

— de Segal era que um livro traria uma parte considerável do dinheiro necessário para a defesa de MacDonald. "Estávamos entrando substancialmente no vermelho", testemunhou Segal no julgamento de McGinniss. "As pessoas estavam trabalhando sem salário... e eu achei que um livro com um adiantamento substancial e justo ajudaria." Dois escritores que embora tivessem mordido a isca mas não haviam sido apanhados foram Edward Keyes e Joseph Wambaugh; Keyes não conseguiu o adiantamento necessário, e Wambaugh não podia ir ao julgamento, pois estava fazendo um filme. A esperança de encontrar um escritor fora em larga medida abandonada, e quando McGinniss apareceu na véspera do julgamento foi como se ele fosse a resposta a uma oração que todos achavam que não valia mais a pena fazer. O encadeamento de interesses foi notável: McGinniss conseguiria o seu ponto de observação interno ("Eu não gostaria de apenas ir para o julgamento e ficar sentado na audiência entre os demais repórteres", contou ele. "Queria estar olhando de dentro para fora e queria ter total acesso a MacDonald e seus advogados"), e MacDonald conseguiria o seu dinheiro.

No acordo a que se chegou em seguida — supervisionado por Segal e por Sterling Lord, o agente de McGinniss, que conseguira para ele um acordo com a editora Dell/Delacorte, com o adiantamento de 300 mil dólares — McGinniss obteria não apenas total acesso como também uma promessa escrita de exclusividade e isenção de qualquer responsabilidade legal: MacDonald não trataria com nenhum outro escritor e não processaria McGinniss por calúnia se não gostasse do que fosse escrito. Por sua vez, MacDonald receberia 26,5% do adiantamento e 33% dos direitos autorais. O arranjo foi uma espécie de reificação das esperanças e boas intenções que os escritores e seus personagens costumam trocar entre si no início do empreendimento comum. O dinheiro que MacDonald receberia seria apenas uma manifestação mais tangível da recompensa que cada entrevistado espera receber no final do projeto — por que outro motivo ele se prestaria a isso? E, igualmente, as garantias escritas que McGinniss recebeu de MacDonald não eram diferentes das garantias tácitas que os escritores normalmente recebem de seus entrevistados: fica *entendido* que o entrevistado não moverá uma ação e que não cometerá a infidelidade de recorrer a outro escritor.

Fica entendido — e, contudo, também é sabido que de vez em quando os entrevistados processam os escritores, e que de vez em quando eles trocam um escritor por outro, ou interrompem abruptamente as entrevistas. É esta última eventualidade, com os seus efeitos desastrosos e imediatos sobre o projeto, o que mais ansiedade causa ao escritor (um processo só pode ocorrer depois que o projeto tenha sido completado, em um futuro nebuloso e distante) e que o impele para os estratagemas e dissimulações que foram examinados de maneira tão minuciosa e tão sem precedentes no processo de MacDonald contra McGinniss. Mas o escritor não está sozinho nessa ansiedade. Ao mesmo tempo que ele está preocupado, esforçando-se por manter o entrevistado falando, este fica preocupado, esforçando-se por manter o escritor *escutando*. O entrevistado é Scheherazade. Vive no temor de ser considerado desinteressante e muitas das coisas estranhas que os entrevistados dizem aos escritores — coisas de uma crueza quase suicida — são ditas em virtude da desesperada necessidade de manter presa a atenção do escritor. No encontro entre MacDonald e McGinniss — o encontro entre um homem acusado de crimes terríveis e um jornalista que ele tenta manter escutando os seus protestos de inocência — temos uma versão grotescamente ampliada do encontro jornalístico normal. Embora os crimes dos quais o entrevistado normal se diz inocente — vaidade, hipocrisia, pomposidade, inanidade, mediocridade — sejam menos graves do que aqueles de que MacDonald era acusado, o resultado tende a ser o mesmo: assim como a história de MacDonald, em última instância, não conseguiu prender McGinniss — cuja atenção logo deslocou-se para a história retoricamente superior da promotoria —, a maioria das histórias contadas aos jornalistas não consegue atingir o seu objetivo. O escritor acaba cansando-se da história autolaudatória do entrevistado e a substitui por uma história própria. A história do entrevistado e do escritor é uma história de Scheherazade que acaba mal: em quase nenhum caso o entrevistado consegue, por assim dizer, salvar-se.

Como se pressentisse as estruturas mais profundas do pacto diabólico que estava intermediando entre MacDonald e McGinniss, Segal, quando foi chamado a aprovar uma isenção apresentada pelo editor de McGinniss, adicionou uma cláusula cuja linguagem, à primeira leitura, parece estranhamente ambígua, vinda de um advogado. A isenção era datada de 3 de agosto de 1979 e estava escrita na forma de uma carta de MacDonald para McGinniss, que começava: "Segundo me consta o senhor está escrevendo o livro sobre a minha vida centrado no meu presente julgamento por assassinato". O terceiro parágrafo, onde foi feita a emenda de Segal, dizia originariamente:

> Eu sei, é claro, que o senhor não pretende caluniar-me. Não obstante isso, de maneira a que o senhor se sinta livre para escrever o livro do modo que julgar melhor, eu concordo que não farei, nem afirmarei, contra o senhor, o editor ou os seus representantes, ou qualquer pessoa envolvida na produção ou na distribuição do livro, qualquer exigência ou alegação baseada em que qualquer parte do conteúdo do livro seja difamatória a meu respeito.

Segal sentiu-se na obrigação de transformar o ponto final em uma vírgula e acrescentar estas palavras: "contanto que a integridade essencial da minha biografia seja mantida". Oito anos depois, no processo de MacDonald contra McGinniss, a contenção de MacDonald foi que a "integridade essencial" da sua biografia não fora mantida no livro de McGinniss, e que este era culpado de uma espécie de assassinato da alma, pelo qual teria que prestar contas. Aparentemente, o juiz federal designado para o caso, William Rea, também ouviu a música do Commendatore nessa queixa e, na sua recusa à moção de McGinniss por um julgamento sumário, concordou com a visão moralista que o queixoso tinha da questão.

Mas tudo isso ainda estava a vários anos de distância no futuro. No verão de 1979, MacDonald e McGinniss eram Damon e Pítias.* Do mesmo modo que muitos escritores e entrevistados, eles cobriram os complicados negócios que tinham em comum com o manto da amizade — neste caso, uma amizade de um modelo particularmente americano, cujos emblemas de intimidade são ver esportes na televisão, beber cerveja, correr e classificar as mulheres segundo as aparências. Algumas semanas depois de escrever sobre MacDonald para o *Herald Examiner*, McGinniss desistiu da sua coluna e voou para Raleigh para assumir o seu posto de observação na equipe de defesa de MacDonald; mudou-se para a residência da fraternidade Kappa Alpha no campus da North Carolina State University que Segal alugara para o verão, juntando-se ali a MacDonald, à mãe deste, a Segal e a vários outros advogados, assistentes judiciários, estudantes de direito e voluntários do grupo de defesa. Um dos membros desse grupo era Michael Malley, um advogado que havia sido colega de quarto de MacDonald em Princeton e havia feito parte da sua defesa no tribunal do Exército que anulara as acusações contra ele em 1970. Agora, em licença da sua firma de advocacia na cidade de Phoenix, Malley pusera-se mais uma vez a serviço do amigo e, entre todos os membros do grupo, era o único que não estava satisfeito com a presença de McGinniss entre eles. Tal como testemunharia mais tarde, Malley não tinha nada contra McGinniss pessoalmente — de fato, gostava dele, como todos os outros —, mas sentia que havia algo de fundamentalmente arriscado em se admitir um escritor nos círculos mais íntimos da defesa. "Achava que se Joe estivesse lá o tempo todo, teríamos um verdadeiro problema na questão da imunidade na relação advogado-cliente", disse Malley, acrescentando, à guisa de explicação, que: "A imunidade significa que qualquer coisa que se

---

* Dois amigos famosos pela fidelidade que os unia. Segundo a lenda, Damon ofereceu-se como refém no lugar de Pítias, condenado à morte por traição contra Dionísios de Siracusa. Ao retornar para salvar a vida do amigo, Damon acabou sendo perdoado pelo tirano. (N. E.)

diga ao próprio advogado não deve ir além dele a menos que o cliente esteja de acordo. Mas, caso haja um estranho presente, alguém que não pertença à equipe de defesa, renuncia-se à imunidade. E, para mim, Joe parecia ser sem dúvida um estranho, e eu não gostava disso". Malley falou das suas preocupações sobre McGinniss a Segal, e este deu ao problema uma solução que Malley aceitou com relutância: McGinniss seria oficialmente transformado em um membro da equipe de defesa — assinando um contrato de emprego com Segal —, ficando assim protegido contra, por exemplo, qualquer tentativa da promotoria de obter os segredos da defesa intimando-o a revelar as suas anotações.

O julgamento em Raleigh durou sete semanas e terminou, no dia 29 de agosto, com a condenação de MacDonald — para o choque e a consternação da defesa. MacDonald, ao ouvir o veredicto, chorou, juntamente com todos os membros da equipe de defesa. Foi algemado e conduzido para a prisão federal de Butner, na Carolina do Norte. No dia seguinte, ele escreveu uma carta para McGinniss — a primeira de uma correspondência que deveria durar quase quatro anos. "Tenho que escrever para você, senão fico louco", começava a carta, e terminava com este parágrafo emocionado:

Quero ver Bernie [Segal], porque o adoro & ele está provavelmente magoadíssimo & quer saber que não é responsável. Quero ver a minha Mãe, pois não importa como estou, ao me ver ela ficará melhor (e provavelmente eu também). Eu também adoraria ver os meus melhores amigos — inclusive (espero) você. Mas, para ser franco, estou chorando demais hoje, e choro sempre que penso em meus amigos íntimos. Sinto-me sujo & aviltado pela decisão & não posso lhe dizer por quê, e estou envergonhado. De certo modo não me sinto assim com Bernie & Mamãe mas acho que hoje seria difícil olhar para você e apertar a sua mão — sei que vou chorar e querer abraçá-lo — e no entanto o veredicto está lá, gritando, "Você é culpado pelo assassinato da sua família!!". E não sei o que dizer, a não ser que isso não é verdade, e espero que você saiba disso e que sinta isso e que seja meu amigo.

McGinniss não "sabia disso". Ao longo do julgamento, ele persuadiu-se de que MacDonald era culpado e viu-se mais uma vez na posição — a mesma que tivera na equipe de publicidade de Nixon — de um infiltrado do inimigo. Em julho de 1983, dois meses antes da publicação de *Fatal vision*, Bob Keeler, um repórter do jornal *Newsday* que também havia assistido ao julgamento, entrevistou McGinniss para um artigo que estava escrevendo para *The Newsday Magazine* e crivou-o de perguntas sobre a sua situação incômoda em Raleigh. "Não havia ninguém com quem falar", relatou McGinniss a Keeler. "Eu não podia reagir. Não podia dizer para alguém que estivesse sentado ao meu lado no tribunal, 'Ei, isso não me soa bem'."

"Qual foi a sua previsão do resultado quando o júri saiu para deliberar?", perguntou Keeler.

"Eu não estava certo de que eles o condenariam. Ao mesmo tempo, dizia a mim mesmo, 'Se eu fosse do júri, votaria pela condenação'. Mas não achava que aquelas doze pessoas chegariam à mesma conclusão a que eu havia chegado. Não sabia se eles chegariam a um veredicto ou se se decidiriam pela absolvição. Mas acho que teria previsto qualquer um desses dois resultados antes da condenação."

"Está bem. Assim que, um dia depois da condenação, você foi até Butner, e Jeff o abraçou e disse que esperava que você fosse amigo dele para sempre. Quais eram os seus sentimentos na ocasião? Obviamente, naquela altura você já devia saber que o livro o mostraria como culpado. Como é que você se sentiu naquele momento?"

"Senti-me em um terrível dilema. Eu sabia que ele havia feito aquilo — sem dúvida — mas eu tinha acabado de passar o verão com aquele sujeito, de quem era terrivelmente fácil gostar, em um certo nível. Mas como é possível gostar de alguém que matou a esposa e os filhos? O que eu senti foi um conjunto muito complexo de emoções e fiquei muito contente por deixá-lo para trás na prisão."

Mais adiante na entrevista, Keeler fez a McGinniss esta pergunta direta: "Uma das teorias entre os repórteres presentes ao julgamento era que você escreveria um livro do tipo Jeffrey MacDonald-o-inocente-torturado. Outra teoria dizia que você faria com Jeffrey MacDonald o mesmo que fez com Richard M. Nixon — isto é, ficar com ele e ter a confiança dele por meses e depois passar-lhe uma rasteira. E eu fico pensando, visto que a última hipótese foi a verdadeira, se isso não vai se transformar em um problema para você no futuro. Quer dizer, será que alguém jamais confiará em você de novo?".

"Bom, eles podem confiar em mim se forem inocentes", retrucou McGinniss.

"Você não acha que de algum modo traiu Jeffrey, ou foi sujo com ele, ou algo assim?"

"A minha única obrigação, desde o começo, era com a verdade."

"Como é que você descreveria os seus sentimentos para com Jeffrey agora? Esta é obviamente uma questão complexa, mas também é óbvio que você terá de respondê-la em entrevistas na televisão e vai ter trinta ou mesmo dez segundos para pensar sobre ela. Qual seria a descrição?"

"Agora mesmo, eu tenho uma estranha ausência de sentimentos para com ele. Ele ocupou tanto da minha consciência e do meu inconsciente por tanto tempo que, com o livro finalmente terminado, sinto-me meio entorpecido a respeito dele. Não tenho nada além da sensação que tem estado comigo, que não está centrada especificamente nele, mas na situação toda — uma tristeza que simplesmente não vai embora. É só tristeza, tristeza, tristeza. Um desperdício tão trágico, tão terrível, e um ser humano tão sombrio e internamente perseguido que ele é. Ele é tão diferente do que parece ser. Sinto muita tristeza por ele ter se revelado não ser o que ele queria que eu achasse que ele era. Porque isso teria sido muito mais fácil de tratar."

MacDonald foi transferido da prisão de Butner para a Instituição Federal Correcional de Terminal Island, perto de Long Beach, na Califórnia — após uma viagem de ônibus que se estendeu por várias semanas, durante as quais ele ficou acorrentado — e em novembro McGinniss foi de avião até lá para vê-lo e continuar a pesquisa para o livro. Embora se tivesse colado a MacDonald na Carolina do Norte, McGinniss havia deixado de entrevistá-lo sobre a sua vida até que o julgamento acabasse; agora, ele ia fazer o seu trabalho. Na prisão, porém, McGinniss foi impedido de levar um gravador, ou sequer um caderno de anotações e um lápis, para o locutório. De maneira que os dois conceberam um esquema que faria as vezes de entrevista: MacDonald registraria o seu passado em um gravador e enviaria as fitas (por intermédio da mãe dele) para McGinniss. Nos dois anos que se seguiram, MacDonald enviou a McGinniss um total de trinta fitas, que ele gravou em circunstâncias um tanto misteriosas (como ele conseguiu levar um gravador para a cela? Por que nunca foi surpreendido gravando? Por que os guardas nunca acharam o gravador? Por que a mãe dele nunca foi apanhada contrabandeando as fitas para fora da prisão?), trechos das quais foram citados no livro de McGinniss, em capítulos intitulados "A voz de Jeffrey MacDonald", que se alternavam com a narrativa propriamente dita. McGinniss ficou na Califórnia por uma semana, e durante esse período MacDonald colocou à disposição de McGinniss o seu apartamento desocupado, a meia hora de carro da prisão. O escritor dormia em um escritório-quarto de hóspedes e, durante o dia (ele visitava MacDonald no final da tarde), lia os enormes arquivos sobre o caso que MacDonald mantinha no apartamento e para os quais ele tinha carta branca. McGinniss encontrou tanta coisa de interesse nos arquivos que perguntou a MacDonald se podia levar parte do material para casa com ele; o sempre solícito MacDonald concordou e até emprestou-lhe uma mala para carregar as coisas. Entre os documentos que McGinniss encontrou no apartamento, o mais excitante, para ele, foi um relato escrito por MacDonald para os seus advogados no inquérito feito pelo Exército em 1970. Nele (o documento veio a público depois), MacDonald listava tudo o que fizera na noite dos assassinatos e mencionava um comprimido moderador de apetite que estivera tomando, Eskatrol — uma anfetamina associada a um sedativo. McGinniss que, como todos os demais, estava desconcertado a respeito dos motivos que poderiam ter levado MacDonald a matar a família, e de maneira tão selvagem, consultou vários textos farmacêuticos e descobriu que o Eskatrol podia induzir estados psicóticos quando tomado em doses suficientemente altas. (Foi retirado do mercado em 1980.) MacDonald escrevera:

> Jantamos juntos por volta das 5h45 da tarde (os quatro). É possível que eu tenha tomado um comprimido nessa hora. Não me lembro, e não acho que tenha tomado, mas é possível. Eu estava dirigindo um programa de controle de peso para a minha unidade e pus o meu nome no alto da lista para encorajar a participação. Eu havia perdido entre seis e oito quilos nas três ou quatro semanas anteriores, usando, no processo, de três a cinco cápsulas de Eskatrol Spansule. [Ao citar este trecho em *Fatal vision*, McGinniss omitiu a frase "e não acho que tenha tomado".]

De um modo que não deixava de ser plausível, McGinniss interpretou "de três a cinco cápsulas" como querendo dizer de três a cinco cápsulas *por dia*, o que é uma dose excessiva, e passou disso à proposta, feita em *Fatal vision*, de que MacDonald havia matado a esposa e as filhas em um acesso de raiva — raiva contra o sexo feminino, que ele estivera reprimindo desde o início da infância e que a droga (combinada ao estresse, à fadiga e às ameaçadoras "novas intuições" de Colette MacDonald "sobre a estrutura da personalidade e os padrões de comportamento", obtidas no curso de psicologia que ela estava fazendo e do qual acabara de chegar) finalmente permitiu que ele trouxesse à tona. McGinniss baseava a sua teoria sobre o crime em uma leitura acrítica de três tratados moralistas — *Borderline conditions and pathological narcissism* [Condições limítrofes e narcisismo patológico], de Otto Kernberg, *The culture of narcissism* [A cultura do narcisismo], de Christopher Lasch, e *The mask of sanity* [A máscara de sanidade], de Hervey Cleckley — nas quais os termos "psicopata" e "narcisismo patológico" são confiantemente oferecidos como a resposta ao problema do mal (como se a rotulação tenha sido alguma vez outra coisa que a recolocação de um problema). Durante o julgamento do caso MacDonald-McGinniss, para dar algum crédito ao rótulo de "narcisista patológico" aplicado por McGinniss a MacDonald, Kornstein convidou o próprio Kernberg para comparecer como testemunha pericial e para aplicar a MacDonald os adjetivos que ele aplica aos pacientes no seu livro — "grandioso", "frio", "raso", "cruel", "explorador", "parasita", "arrogante", "invejoso", "autocentrado", "carente de profundidade emocional" e "deficiente em sentimentos genuínos de tristeza" — que sofrem da doença que ele inventou. Kernberg, prudentemente, rejeitou o convite e sugeriu um colega seu, Michael Stone, para o papel de moralista disfarçado de psiquiatra, que Stone aceitou e desempenhou com perfeição.

Outro achado interessante de McGinniss no apartamento de MacDonald foi uma carta de Joseph Wambaugh, datada de 28 de março de 1975, que relacionava as condições sob as quais ele aceitaria escrever um livro sobre MacDonald. O tom da carta se parece mais com o enfadonho texto em letras pequenas de um bilhete de bagagem do que com a comunicação de um escritor a um entrevistado em perspectiva. Ao ler a carta, McGinniss deve ter ficado maravilhado, e provavelmente invejoso, com o *je m'en foutisme* de Wambaugh. Mas Wambaugh era um ex-policial (ele havia sido investigador da polícia de Los Angeles) e, talvez ainda mais a propósito, era um dos escritores populares de maior sucesso nos Estados Unidos, que aparentemente podia se dar ao luxo de ser direto (ao contrário de McGinniss, que precisava de dinheiro). "O senhor deve entender que eu nem pensaria em escrever a *sua* história", escreveu Wambaugh, e prosseguiu:

> Seria a minha história. Assim como *The onion field* [A plantação de cebolas] foi a *minha* história e *In cold blood* [A sangue frio] foi a história de Capote. Nós dois fizemos com que as personagens vivas assinassem isenções legais que nos autorizavam a interpretar, retratar e caracterizá-las como achássemos conveniente,

confiando implicitamente que seríamos honestos e fiéis à verdade tal como *nós* a víamos, e não como *eles* a viam.

Com uma isenção desse tipo, o senhor pode ver prontamente que não teria nenhum recurso legal se não gostasse do seu retrato feito por mim. Vejamos mais uma possibilidade desagradável: e se eu, depois de passar meses investigando, entrevistando dezenas de pessoas e escutando horas de julgamento no tribunal, não acreditasse que o senhor é inocente?

Desconfio que o senhor pode estar procurando por um escritor que escreva a *sua* história, e de fato a sua versão pode muito bem ser a verdade tal como eu a veria. Mas o senhor não teria *nenhuma* garantia, não comigo. O senhor não teria absolutamente *nenhuma* prerrogativa editorial. O senhor nem sequer veria o livro até que fosse publicado.

McGinniss cita essa carta em *Fatal vision* e cita também uma passagem de uma nota enviada por MacDonald a Segal a respeito da carta: "O que você acha? Ele me parece ser terrivelmente arrogante, mas é óbvio que um livro escrito por ele ficaria entre os mais vendidos". McGinniss emenda, "Wambaugh, é claro, não escreveu o livro. [...] Agora, eu é que o estava escrevendo". E acrescenta, assumindo algo da dureza de Wambaugh, "Tal como teria sido o caso com Wambaugh, MacDonald não teve absolutamente nenhuma prerrogativa editorial. E a 'possibilidade desagradável' a que Wambaugh se referia tornou-se agora realidade".

Com relação ao próprio MacDonald, porém, McGinniss continuava a agir com os mesmos modos insinuantes de sempre. Por quase quatro anos — durante os quais ele se correspondeu com MacDonald, falou com ele pelo telefone, recebeu as fitas dele, visitou-o — ele conseguiu ocultar o fato de que o livro em preparação retratava MacDonald como um matador psicótico. Em 1981, escrevendo sobre a estratégia narrativa do livro para o seu editor na Dell, Morgan Entrekan, ele exprimiu a sua preocupação de que o protagonista se tornasse "abominável demais, cedo demais", e propôs que as piores revelações a respeito do caráter dele "fossem adiadas até o final, quando nos aproximamos cada vez mais dele, vendo as camadas da máscara derretendo-se e olhando, pelo menos obliquamente, para a essência do horror que se oculta debaixo dela". Acrescentou — referindo-se às suas incômodas relações com o verdadeiro MacDonald — que "o gelo está ficando mais fino e ainda estou longe da margem". Mas ele não tinha com o que se preocupar; MacDonald nunca percebeu a artimanha. Tal como aquele que é enganado no experimento de Milgram, o protagonista ingênuo de um livro fica tão envolvido no empreendimento, e tão empenhado nele, do ponto de vista emocional, que simplesmente não consegue concebê-lo em outros termos além dos estabelecidos pelo escritor. Assim como a cobaia de Milgram imaginava estar "ajudando" alguém a aprender, MacDonald imaginava estar "ajudando" McGinniss a escrever um livro que o eximia do crime e o apresentava como uma espécie de herói cafona ("pai e marido extremado", "médico dedicado", "realizador esforçado"). Quando, em vez disso, McGinniss escreveu um livro que o acusava do crime e o apresentava como um vilão cafona ("sedento de publicidade", "mulherengo", "homossexual latente"), MacDonald ficou estarrecido. O seu "deslogramento" aconteceu de maneira particularmente dramática e cruel. McGinniss recusou-se com firmeza a permitir que ele visse as provas ou uma cópia de divulgação do livro. Em uma carta de 16 de fevereiro de 1983, ele escreveu, de maneira severa,

> Entendo a sua impaciência, e tanto é que atribuirei a ela o seu tom desagradável. [...] Em momento algum houve qualquer entendimento no sentido de que você pudesse ver o livro antecipadamente, seis meses antes da publicação. Tal como Joe Wambaugh lhe disse em 1975, com ele você não veria nem mesmo uma cópia antes que o livro fosse publicado. Comigo é a mesma coisa. E também com qualquer escritor responsável de princípios.

MacDonald aceitou a reprimenda e prestou-se entusiasticamente à campanha publicitária anterior ao lançamento do livro. A tarefa dele fora aparecer no programa *60 minutes*, da televisão, e foi durante a gravação desse programa na prisão que o fato da duplicidade de McGinniss lhe foi revelado. Enquanto Mike Wallace — que havia recebido um exemplar adiantado de *Fatal vision* sem dificuldade ou lições de moral — lia em voz alta para MacDonald trechos em que ele era retratado como um assassino psicopata, a câmera registrava o seu olhar de choque e de total descompostura.

Milgram, no capítulo sobre metodologia do *Obedience to authority*, explica que não usou alunos de Yale como cobaias devido ao risco de que se ficasse sabendo do experimento entre a população estudantil. Mas há razões para que achemos — extrapolando as relações entre escritor e personagem — que até mesmo cobaias que houvessem escutado falar do experimento de Milgram teriam caído na armadilha, bastando para isso que ela sofresse uma ligeira alteração nas suas características. MacDonald, afinal de contas, já tinha ouvido falar de pessoas que estavam descontentes com o que fora escrito a respeito delas (algumas vezes a ponto de processar o escritor), e mesmo assim comportava-se como se não houvesse nenhuma possibilidade de que o livro "dele" fosse outra coisa além de lisonjeiro e gratificante. Mas talvez seja ainda mais notável a contínua e, nessas circunstâncias, louca confiança de MacDonald nas boas intenções dos jornalistas. Até hoje, depois de tudo o que lhe aconteceu, ele continua a dar entrevistas aos jornalistas, continua a corresponder-se com eles, continua a mandar-lhes material (por intermédio de um escritório de assessoria de imprensa localizado fora da prisão, dirigido por uma mulher chamada Gail Boyce) e faz tudo o que pode para ajudá-los, do mesmo modo que fazia com McGinniss. Alguma coisa parece acontecer com as pessoas quando elas conhecem um jornalista, e o que acontece é exatamente o oposto do que seria de esperar. O mais lógico seria que uma extrema cautela e prudência estivessem na ordem do dia, mas a confiança infantil e a impetuosidade são de fato muito mais comuns. O encontro jornalístico parece ter sobre o indivíduo o mesmo efeito regressivo que a psicanálise. O indivíduo torna-se uma espécie de filho do escritor, considerando-o como uma mãe permissiva, que tudo aceita e tudo perdoa, e esperando que o livro seja escrito por ela. Evidentemente, o livro é escrito pelo pai severo, que percebe tudo e não perdoa nada. Durante a nossa conversa em Williamstown, McGinniss citou a seguinte passagem de um ensaio de Thomas Mann, que ele havia encontrado no livro de outro dos seus heróis literários, Joseph Campbell:

> O olhar que dirigimos às coisas, tanto internas como externas, enquanto artistas, não é o mesmo com que as veríamos enquanto homens, mas é ao mesmo tempo mais frio e mais apaixonado. Enquanto homem, você pode ter boa vontade, ser paciente, dedicado, positivo e estar disposto, de maneira totalmente acrítica, a considerar que está tudo bem, mas, enquanto artista, o seu demônio o obriga a "observar", a tomar nota, com a rapidez de um relâmpago e com intenção prejudicial, de cada detalhe que, em um sentido literário, seja característico, distintivo, significante, que proporcione uma intuição, que tipifique a raça, o modo social ou psicológico, registrando tudo tão impiedosamente quanto se você não tivesse nenhuma relação humana com o objeto observado.

"Não se trata de um argumento que possa ser usado perante um júri composto por pessoas que não leem livros", disse-me McGinniss, "mas, para mim, ele parece ir diretamente ao cerne da questão." Contou-me que havia "compartimentalizado" as suas atitudes conflitantes para com MacDonald. "A primeira carta que eu recebi dele, escrita dezoito horas depois da sua condenação, trouxe-me lágrimas aos olhos. Tive um sentimento genuíno de pena. Ele escreveu, 'Tudo o que me interessa saber é que você ainda é meu amigo e que acredita em mim'. Qual seria então a resposta apropriada? Mandar-lhe um parágrafo que diga, 'Reservo-me o direito a ter as minhas próprias opiniões e recordo-lhe mais uma vez que eu sou o escritor e você é a personagem, e temos que manter as coisas nesse nível'? Ou escrever-lhe de volta e dizer, 'Você parece estar muito mal, a prisão deve ser horrível, sinto-me realmente triste por você'? O que era a expressão de um sentimento genuíno da minha parte naquele momento. Não uma mentira. Mas eu estava compartimentalizando.

Estava suspendendo a minha capacidade crítica durante o tempo suficiente para escrever aquela carta."

A carta em questão foi escrita no dia 11 de setembro de 1979, doze dias depois da primeira carta de MacDonald para McGinniss. Em parte, dizia o seguinte:

Caro Jeff,

Faz uma semana que, a cada manhã, acordo pensando sobre onde você está. Um ônibus! Meu Deus! Parece que a única função de se atravessar o país em um ônibus-prisão seria fazer com que o destino da viagem parecesse não ser tão terrível quanto seria de outro modo. Por outro lado, estou certo de que o seu destino parece terrível. É terrível. Terminal Island [Ilha Terminal]. Nome bem horroroso, ainda por cima. [...]

Fico contente em ver que você é capaz de escrever — descrevendo e analisando tanto o que aconteceu com você quanto os seus próprios sentimentos a respeito. Tenho muitos sentimentos próprios, aos quais chegarei mais cedo ou mais tarde, mas, acima de tudo, estou aliviado por ver que aparentemente você é capaz de funcionar de maneira construtiva a despeito das extremas limitações. Fico contente, também, por você não se ter matado, pois isso teria com certeza atrapalhado o livro. [...]

Não poderia haver um pesadelo pior que aquele que você está atravessando agora — mas isso é apenas uma fase. Completos estranhos não precisam de mais de cinco minutos para ver que você não teve um julgamento justo. [...]

Bem, tenho certeza de que quando nos encontrarmos teremos muitas oportunidades de falar sobre isso e sobre muitas outras coisas. A propósito, Bob Keeler disse-me que planeja passar bastante tempo entrevistando-o em Terminal Island. Contou-me também que quer escrever um livro sobre o caso & que está falando com a Doubleday sobre isso. Eu preferia que ele não escrevesse um livro; Delacorte estará anunciando o meu livro — e o aspecto de acesso pleno e exclusivo do nosso relacionamento — nesta semana, para tentar manter o terreno razoavelmente desimpedido. Francamente, não estou certo de qual é a atitude de Keeler para com você. Não estou insinuando que ele ache que você é culpado — eu simplesmente não sei, mas acho que, em muitos aspectos, seria melhor que você não fizesse nada para encorajar ou ajudar qualquer outra pessoa que possa estar pensando em escrever sobre isso. [...]

Você deve estar com medo — além de tudo o mais — de tornar-se, de algum modo, uma não pessoa. Simplesmente — puf! — não há mais nenhum Jeff. Há apenas um grande espaço vazio onde ele estava antes. Bem, isso não vai acontecer, porque há demasiadas pessoas que se preocupam bastante com você e por favor tente lembrar-se disso nos momentos e nos dias em que se sentir pior. [...] Vou estar de volta a casa por volta de 25 de setembro — e em Nova York no dia 26, para reuniões sobre este livro com Delacorte — na verdade, trata-se de um jantar, em que o presidente da companhia, Sterling [Lord] & eu vamos tentar estabelecer um calendário razoável & no qual eu explicarei a eles de que maneira as coisas conseguiram dar essa virada drástica e inesperada para a merda. [...] Tenho muito, muito mais coisas a dizer, mas quero realmente que você receba pelo menos isto de mim quando chegar à Califórnia. [...] Vou escrever de novo dentro de uns dois dias. Jeff, essa porra toda é tão horrível que ainda não consigo acreditar — a visão do júri entrando — do júri votando — de você de pé — dizendo aquelas poucas palavras — sendo levado para fora — e depois vendo você na porra de uma prisão. É tudo um inferno — passar um verão inteiro fazendo um novo amigo e depois esses sacanas chegam e o trancafiam. Mas não por muito tempo, Jeffrey — não por muito tempo.

Mais, breve —
Joe

No dia 28 de setembro de 1979, McGinniss escreveu de novo:

[...] Fico muito aliviado por você estar finalmente em um lugar onde eles não o deixam acorrentado o dia inteiro. [...] Tenho esperanças de que você não fique aí por muito tempo; que o pessoal de Richmond [o tribunal federal de recursos] reconheça e decida sobre a validade do pedido de condicional. [...]

O que eu proponho é voar para a Califórnia, preparado para ficar por algum tempo. Para me encontrar com você, tanto quanto seja possível, seja nesse local onde o destino e a burocracia se combinaram para pôr você ou, o que seria muito melhor para nós dois, em Huntington Beach. Seja como for, será então que o nosso trabalho vai realmente começar. Além do dinheiro, e do fato de que algum dia a história toda vai ser contada, parece-me que um dos benefícios mais importantes do livro para você é que ele lhe dá algo de construtivo para fazer todos os dias. Algo real; algo de valor; algo essencial. Um modo de canalizar a sua raiva e as suas reflexões. Um livro sobre o caso: nenhum condenado deveria deixar de ter um. (Mesmo brincando, não parece direito escrever a palavra "condenado" em relação a você, e tenho imensas esperanças de que essa fase chegue a um final tão rápido e misericordioso quanto seja possível na semana que vem em Richmond, com a concessão da condicional.) [...]

Jeff, continua sendo muito difícil aceitar tudo isso. Ver você escrevendo sobre a prisão e sobre a vida no ônibus. Tentar responder a todas as perguntas sobre o que foi que deu errado: as respostas mais óbvias, é claro, são as que você já obteve. Seleção do júri. Foi uma loucura total. [...] por si só, isso foi provavelmente a única resposta que qualquer pessoa precisaria jamais para saber o que deu errado. [...]

Diabo, Jeff, uma das piores coisas nisso tudo foi a maneira como, súbita e totalmente, todos os seus amigos — inclusive eu — fomos privados do prazer da sua companhia. Em que porra aquele pessoal estava pensando? Como foi que doze pessoas puderam não só concordar em acreditar em uma sugestão tão horrenda, como concordar, tendo a vida de um homem em jogo, que acreditavam nela além de qualquer dúvida razoável? Em seis horas e meia? [...]

Tal como você sem dúvida já percebeu, não tenho com as minhas cartas o cuidado com a seleção e a organização das palavras que tenho com os meus livros. Geralmente, eu não escrevo carta alguma. Uma das razões pelas quais a minha conta de telefone é quase tão alta quanto a hipoteca da minha casa. Escrever, para mim, é trabalho, e não gosto de fazer o meu trabalho descuidadamente, mas se eu esperasse até deixar as minhas cartas de um jeito que me contentasse, você nunca mais ouviria falar de mim, e ia ficar pensando que eu morri em uma montanha, ou que comecei a escrever a biografia de Freddy Kassab. Assim que, por mais imperfeitamente que eu me tenha expressado, o que eu quero dizer é que ainda estou muito chateado com tudo o que aconteceu e impaciente por vê-lo mais uma vez e mergulhar no livro e, espero, mais uma vez compartilhar com você muitas risadas e boas histórias e novas experiências, bem como reviver, dolorosamente, algumas das histórias ruins do passado. [...]

Essas primeiras cartas, tal como a *ouverture* de uma ópera, anunciam todos os temas da correspondência que virá a seguir. Até pouco antes da publicação de *Fatal vision*, quando, aparentemente, McGinniss sentiu que se podia dar ao luxo de ser um pouco frio e descuidado com MacDonald, ele escreveu cartas garantindo-lhe a sua amizade, comiserando-se com ele pela situação em que se encontrava, oferecendo-lhe conselhos sobre o recurso, pedindo informações para o livro e choramingando a respeito de escritores concorrentes. Os trechos que tratam desta última preocupação — muito comum entre os escritores (todo escritor acha que há mais alguém trabalhando com o mesmo tema; faz parte do estado de espírito paranoico necessário para o término da tarefa infinitamente adiável de escrever) — constituem uma leitura particularmente dolorosa, em uma correspondência repleta de momentos dolorosos. McGinniss tinha um motivo real de preocupações: duas pessoas estavam realmente planejando escrever livros sobre o caso de MacDonald. Uma delas era Bob Keeler, que estivera cobrindo o caso para o *Newsday* desde o início dos anos 1970; a outra era Freddy Kassab, o padrasto da mulher assassinada, que estava procurando por um escritor que apresentasse a sua versão tal como ele a contasse. Mas as medidas tomadas por McGinniss, pelo seu agente e pelo seu editor para garantir que ninguém além de McGinniss publicasse um livro sobre MacDonald foram extraordinariamente eficazes. Na carta de 28 de setembro, McGinniss escreveu também:

> Mencionei à sua Mãe ontem à noite que eu estava fortemente convencido de que você não deveria começar a dar um monte de entrevistas enquanto estiver na prisão. Não há meios de esse tipo de coisa ser bom para você agora; estou pensando particularmente em Keeler. Não sei se ele vai ou não seguir adiante com o livro dele, mas, francamente, o único livro que interessa a você é aquele ao qual vou devotar os próximos dois anos da minha vida. [...] Sterling e Ross Claiborne (vice-presidente da Dell), a propósito, estão fortemente convencidos de que quaisquer histórias ou entrevistas importantes feitas com você neste momento abalariam em alguma medida a minha posição.

Então, no dia 19 de novembro de 1979, McGinniss escreveu a MacDonald:

> Keeler parece estar muito ligado, & a sua Mãe disse que ele esteve fuçando em Schenectady & vizinhanças, tentando fazer com que velhos conhecidos da sua irmã falassem. Parece-me que ele está definitivamente fazendo um livro, e com Freddy tentando ainda fazer o dele, é melhor que eu & você comecemos a nos mexer.

McGinniss a MacDonald, 18 de dezembro de 1979:

> Freddy Kassab oficializou a coisa. A divisão de livros do *New York Times* [...] concedeu-lhe um contrato para um livro sobre você e sobre os assassinatos, e sobre a maneira como ele acabou levando-o a julgamento. [...] A primeira coisa que isso quer dizer é que agora Freddy nunca mais vai falar comigo sobre seja lá o que for, o que vai tornar alguns aspectos do meu livro mais

complicados, e a segunda coisa é que eu quero ter a certeza de que os dois livros não serão publicados ao mesmo tempo, e nem na mesma estação do ano. Eu realmente não ligo para qual dos dois aparece primeiro: só não quero que eles saiam juntos. Dá para imaginar, eu percorrendo o país dando entrevistas para a televisão com esse cara?

Fico imaginando se, da sua parte, não seria uma boa ideia fazer com que Bernie [Segal] enviasse algum tipo de carta para a New York Times Books e/ou para o escritor, recordando-lhes em que medida as leis sobre calúnia e invasão de privacidade podem ser aplicáveis nessa situação. [...]

De qualquer maneira, a New York Times Books não é, apesar da impressão causada por qualquer coisa que tenha New York Times no título, um lugar particularmente atraente para se ir. Com toda a certeza eles não estão nem no primeiro, nem no segundo escalão das editoras, mas, mesmo assim, a sua vida pessoal e a minha vida profissional seriam um pouco mais simples se Freddy Kassab não estivesse escrevendo o seu próprio livro. Se um lembrete oportuno das implicações legais pudesse ainda impedir isso, acho que valeria a pena tentar. [...]

Assim que eu escrevi isso, decidi chamar Ross Claiborne e ver o que ele achava disso tudo. Primeiro, ele me disse que tinha acabado de receber outra chamada, dessa vez de um editor da Time-Life Books, dizendo que eles estavam "considerando" uma proposta para "um livro" sobre MacDonald etc. Esse editor queria saber como andava o meu, e Ross C. disse, oh, já está bem avançado; a pesquisa acabou; ele não está tendo dificuldades para escrever; está bem envolvido no livro. Isso é conhecido no ramo como interceptar uma estocada. O editor da Time-Life não disse de quem era a proposta que eles estavam considerando, e agora a situação ficou extremamente confusa. Será que se trata de um terceiro livro à vista (possivelmente escrito por Keeler)? Ou então, será que *esta* é a proposta de Freddy, ainda não aceita, mas apenas sendo considerada pela Time-Life e não pela NY Times? [...] Na verdade, pode passar um bom tempo antes que eu ouça qualquer coisa nova a esse respeito, mas, de qualquer modo, você está tendo uma rara visão dos bastidores do maravilhoso mundo das edições e de como às vezes a habilidade para jogar pode ser tão importante quanto o mérito literário.

McGinniss para MacDonald, 20 de dezembro de 1979:

Últimas notícias do sempre mutável mundo das edições: a New York Times Books não está, repito, não está fazendo um livro de Freddy Kassab. A informação original de Ross Claiborne estava errada. [...] No começo de janeiro, a Delacorte/Dell vai publicar na *Publisher's Weekly*, na *Variety* e em outros veículos interessados um comunicado anunciando que está com *este* livro em preparação, que se trata de um livro de peso e etc. etc., para tentar afastar quaisquer outros interessados. Esse tipo de coisa também gera algum interesse cinematográfico.

McGinniss para MacDonald, 10 de janeiro de 1980:

O trabalho de Keeler está para aparecer no *Newsday* a qualquer momento, e ele provavelmente está planejando usá-lo como proposta para o livro dele — mostrando quanto trabalho ele já fez — de modo que, para tentar desarmar um pouco a coisa toda, Delacorte/Dell, a partir de hoje, estará enviando, para todos os veículos costumeiros de comunicação, uma vistosa nota [...] dizendo que um escritor de peso [eu] foi contratado, por uma cifra de seis algarismos, para escrever um livro de peso sobre a história criminal mais bizarra da década; algo desse tipo. Será enfatizado o meu acesso "total e exclusivo" a você, bem como o fato de o projeto já estar bem adiantado; fazendo com que pareça que, de fato, o livro já está dois terços escrito. [...] Sterling vai verificar, nesta semana, com as mesmas fontes no *Newsday*, para tentar descobrir para mim quando é que o texto de Keeler vai aparecer. Parece que vai ser algo de bastante peso. Incomoda-me pensar que outra pessoa já sabe mais a respeito de qualquer aspecto disto que eu, mas Keeler está obviamente muito mais adiantado que eu em Patchogue. Tenho confiança que conseguiremos alcançá-lo. Dá para você ver, portanto, que é bom não cooperar com ele.

McGinniss para MacDonald, 16 de fevereiro de 1980:

O texto de Keeler apareceu no último fim de semana e com certeza é uma bela porcaria. Ufa! Realmente, uma merda do tipo novela vagabunda. Não é abertamente hostil a você — principalmente se levarmos em conta os sentimentos pessoais dele — mas simplesmente uma merda de trabalho. Mal escrito — na verdade, escrito de maneira atroz, o que me surpreendeu, porque a cobertura básica que ele fez do julgamento foi boa —, organizado de modo desleixado e, em resumo, simplesmente sem sentido. [...] Faz com que eu fique imaginando qual seria o valor de todo o material de seis anos de pesquisa de Keeler em Long Island.

McGinniss a MacDonald, 18 de março de 1980:

Voltei para cá para descobrir, por intermédio de um telefonema um tanto quanto frenético de Ross Claiborne, que Freddy aparentemente teve êxito na sua busca de um editor para o livro dele e, o que é mais preocupante, obteve os serviços de um escritor de primeira linha para fazer o livro. O nome do escritor é J. D. Reed, e ele trabalha na *Sports Illustrated*, mas é também autor de *Free fall* [Queda livre], um romance sobre a trapalhada de D. B. Cooper, que está vendendo muito bem e acaba de ser comprado para um filme, o que dá a Reed uma boa mão, por enquanto, e que aparentemente causou um grande interesse, em Hollywood, pela história de Freddy para um filme.

McGinniss para MacDonald, 28 de março de 1980:

Últimas notícias da terra do horário padrão do leste, das grandes editoras e dos dias cinzentos de um inverno terminado que não percebe que já chegou a hora de ir embora. [...]

Falei com Bernie no fim de semana passado e ele disse que escreveria para o presidente da Doubleday e para Reed. [...] Reed já disse a Ross Claiborne que "não está comprometido" com esse projeto e que, levando tudo isso em conta, ele teria que rever o projeto a partir de um ponto de vista inteiramente diferente. Não fiquei sabendo de mais nada desde então, mas posso garantir a você que uma carta de Bernie para a Doubleday vai fazer com que eles examinem o projeto com muita atenção e, com o autor e o editor vacilando, Freddy poderia ver-se de novo na casa um. Veremos. [...]

Gary Bostwick é um homem de 49 anos, de aparência comum — rechonchudo, de bigodes eriçados e olhos pequenos atrás dos óculos de aro — que impressiona imediatamente como um homem de excepcional decência, bom humor e rapidez de espírito. Se o problema principal de McGinniss como réu eram as cartas que escreveu a MacDonald, logo em segundo lugar em termos de más notícias foi a contratação de Bostwick como advogado da parte contrária. "Adoro os júris", diz Bostwick, com frequência. Mais precisamente, os júris o adoram. Os jurados ficam sentados, presumivelmente para avaliar as provas, mas na verdade eles estão estudando os caráteres. Não deixam passar quase nada. Quando falei com os jurados do caso MacDonald-McGinniss e questionei-os a respeito das suas impressões sobre os dois advogados, eles demonstraram ter uma má opinião de Kornstein, devida em grande parte à maneira como ele frequentemente humilhava um jovem assistente dele; por exemplo, ao interrogar uma testemunha, o assistente cometeu o que Kornstein considerou um engano e, por isso, Kornstein ordenou-lhe peremptoriamente que se sentasse. Em comparação, o comportamento de Bostwick fora impecável, relataram os jurados. Uma questão que muitas pessoas se colocaram durante e depois do julgamento foi: como um homem tão bom pôde assumir um cliente tão terrível — um cliente que havia assassinado a esposa e as filhas e que agora tinha a petulância de processar um escritor de boa reputação por escrever um livro sobre ele do qual ele não havia gostado? Tratava-se do tipo de caso, pensavam todos, que atrairia o tipo mais baixo de advogado de porta de cadeia, dos que trabalham por honorários condicionais, e não um advogado probo e respeitado. Embora Bostwick — que não estava trabalhando em bases condicionais, mas cobrava os seus honorários normais — não tenha sido capaz de modificar essa visão do caso, que se refletiu nos jornais, no rádio e na televisão, ele conseguiu fazer com que cinco (de seis) jurados e um suplente aceitassem a sua versão do encontro entre MacDonald e McGinniss como uma espécie de fábula conradiana de falha moral e do julgamento como um ritual necessário de retribuição.

Considerando tudo isso, seria o caso de se pensar que a tarefa de Bostwick era extremamente difícil, se não impossível. Uma coisa é chamar Lord Jim para responder por sua traição à confiança dos peregrinos inocentes a bordo do seu navio, outra é julgar um jornalista pelos seus pecados contra um homem condenado por um crime tão horrível que, em comparação, os pecados do jornalista tornam-se inócuos. Mas, entre as muitas curiosidades e surpresas desse processo curioso e surpreendente, esteve a facilidade com que Bostwick apresentou o seu caso e as dificuldades que Kornstein teve com o dele. Tal como Kornstein deve ter descoberto, para a sua própria consternação, ter um assassino como adversário não confere uma vantagem automática. A estratégia de Kornstein, de lembrar constantemente o júri da condenação de MacDonald, não foi boa para ele. Os jurados disseram que consideraram a estratégia como um insulto à inteligência deles, e ficaram contra ele por isso. (Essa reação foi-lhes sugerida por Bostwick, que, na sua arguição final, comparou as referências constantes de Kornstein a MacDonald como o "assassino condenado" a um comercial de detergente em que a palavra "Oxydol foi mencionada 27 vezes em três minutos, para que as pessoas não se esquecessem de que Oxydol era o que elas tinham que comprar".)

Mas pode haver um motivo mais profundo para a equanimidade quase bovina dos jurados frente ao crime de MacDonald. Esse motivo pode ser colocado como um corolário à necessidade da sociedade de punir o transgressor, que é a necessidade de perdoar o transgressor. O assassinato é um crime que todos nós cometemos na nossa imaginação (consciente ou inconsciente). Todos nós sonhamos com a morte violenta das nossas famílias; todos nós dizemos, a respeito de pessoas que amamos, "fiquei com vontade de matá-lo(a)". Na nossa literatura antiga, temos Medeia, Clitemnestra e Édipo realizando essas fantasias fundamentais; mais recentemente, e portanto de maneira mais velada, temos Raskolnikov matando a própria mãe e a irmã através do assassinato de duas estranhas. E, assim como precisamos ser punidos e absolvidos da nossa culpa, punimos e absolvemos aqueles que fazem de fato aquilo que só sonhamos fazer. Um dos mistérios do caso que ficaram sem solução foi a dureza fora do comum de McGinniss para com MacDonald, tanto no livro como nas declarações à imprensa após a publicação. À medida que o julgamento progredia, foi essa dureza — a aparente incapacidade de McGinniss em sentir compaixão por MacDonald — que, mais que o crime deste último, veio a parecer monstruosa para os jurados. Um deles, uma jovem negra chamada Sheila Campbell, articulou esse sentimento para mim. "A parte que eu não gostei foi quando MacDonald deixou McGinniss usar o apartamento dele, e McGinniss assumiu a tarefa de achar o motivo dos assassinatos", disse ela. "Não gostei do fato de que McGinniss tenha tentado achar um motivo para um livro que fosse um *best-seller*, e esta era a sua *única* preocupação. Ele não estava preocupado com MacDonald como ser humano, de maneira alguma. Ele disse que tinha sentimentos por Colette e pelas crianças. Mas quando é que vamos começar a perdoar alguém, mesmo que este alguém tenha cometido o crime? Será que vamos torturar o homem pelo resto da vida?"

A própria aparência de MacDonald no tribunal em nada contribuiu para dissuadir quem quer que fosse de que ele era uma pessoa digna de perdão. Vestido com um terno social bem-comportado, ele ficava sentado tranquilamente à mesa do queixoso, e a associação daquele homem discreto com o corretíssimo Bostwick deu aos jurados mais um motivo para que eles considerassem o crime de MacDonald como uma página virada e para que o vissem como uma espécie de alma quase, se não inteiramente, redimida, que havia sofrido e que não cabia a eles julgar, e cuja punição por McGinniss fora excessiva e injusta.

A punição de McGinniss por Bostwick, por outro lado — o interrogatório inexorável e impiedoso —, não pareceu nem excessiva nem injusta aos jurados, segundo eles mesmos disseram, nem inconsistente com a sua figura de boa pessoa. Com a espada flamejante que recebera na forma das cartas de McGinniss a MacDonald, Bostwick não teve nenhuma dificuldade para representar o papel do anjo vingador. "Trata-se aqui de um processo contra um falso amigo", anunciou ele, dramaticamente, em sua declaração de abertura. O que ele não articulou para os jurados, mas que um leitor atento das transcrições não poderia deixar de notar, foi o irônico paralelo (neste caso) entre os métodos dos advogados em um tribunal do júri e os dos jornalistas. A narrativa devastadora que Bostwick teceu a partir da incauta tagarelice epistolar de McGinniss foi como a narrativa que o jornalista tece a partir da conversa descuidada do entrevistado. Assim como este deblatera sem parar, sem dar mostras de estar consciente da presença do bloco de anotações ou do gravador que está guardando as palavras com as quais ele será empalado mais tarde, McGinniss, aparentemente, não se deu conta das consequências de deixar atrás de si um registro escrito da sua intimidade com MacDonald, com o qual ele se sentia tão à vontade que podia contar-lhe os segredos do "maravilhoso mundo das edições" — como um homem de negócios que revela os detalhes das transações do dia a uma amante de confiança. E, precisamente do mesmo modo que o entrevistado, depois que o livro é publicado, tenta desesperadamente desdizer as coisas que gostaria de não ter dito ao jornalista, McGinniss, no julgamento, tentou repudiar as suas cartas a MacDonald.

"'Em que porra aquele pessoal estava pensando? Como foi que doze pessoas puderam não só concordar em acreditar em uma sugestão tão horrenda, como concordar, tendo a vida de um homem em jogo, que acreditavam nela além de qualquer dúvida razoável? Em seis horas e meia?"", leu Bostwick, em voz alta, citando a segunda carta a MacDonald. Depois disso, ele voltou-se para McGinniss e disse, "Você acreditava nisso quando escreveu para MacDonald?". McGinniss respondeu: "Acreditava e acredito. Acho que é a mais horrível das suposições, a de que um homem possa matar a esposa e duas filhas pequenas". A transcrição continua:

> P: O que eu estou perguntando, senhor McGinniss, é outra coisa. Não teria o senhor tentado dizer a ele, com essas palavras, que achava difícil de acreditar que o júri tivesse chegado ao veredicto que chegou?
>
> R: Eu fiquei surpreso por eles terem levado apenas seis horas e meia, mas a minha perspectiva, não devemos esquecer, foi inteiramente unilateral, durante o julgamento. Passei o tempo todo com MacDonald e não com a promotoria.
>
> P: Eu sei disso, senhor McGinniss. O que eu estou perguntando é se o senhor estava tentando fazer com que MacDonald acreditasse que o senhor acreditava que o júri se equivocara.
>
> R: Não.
>
> P: Não estava, não com essas palavras?
>
> R: Eu não achava que o júri...
>
> P: Estou apenas perguntando o que é que o senhor estava tentando fazer com que MacDonald pensasse com essas palavras.
>
> R: Não me lembro do que é que eu estava tentando fazer com que MacDonald pensasse.

Bostwick continuou apertando os parafusos: "O senhor se considerava amigo [de MacDonald] no fim do julgamento?".

> R: Eu me considerava o escritor, e considerava-o a personagem, durante aquelas seis ou sete semanas. Nós com certeza nos dávamos bem. Não sei como é que o senhor define "amigo". Tratava-se de um relacionamento profissional.
>
> P: Qual é a *sua* definição de "amigo"?

R: Eu defino "amigo" como alguém de cuja companhia eu desfruto de tempos em tempos; uma pessoa de quem... com quem eu tenha um motivo para manter-me em contato. Eu nunca parei realmente para pensar sobre uma definição para a palavra "amigo", mas estou certo de que poderíamos encontrar uma no dicionário. Mas o doutor MacDonald era a personagem, e eu o escritor. E esta era a base fundamental do nosso relacionamento.

P: Vou perguntar de novo: no final do julgamento, o senhor se considerava amigo dele?

R: Não sei como responder essa pergunta. Senti-me muito mal quando ele foi condenado. Se não o considerasse como amigo em certa medida, suponho que teria ficado feliz por ele ter sido condenado. Mas em vez disso eu me senti mal.

P: O senhor o considerava como seu amigo?

R: Já respondi o melhor que podia, senhor Bostwick.

P: Será que o senhor poderia olhar novamente para a prova 36A? [...] Aqui diz, "Diabo, Jeff, uma das piores coisas nisso tudo foi a maneira como, súbita e totalmente, todos os seus amigos — inclusive eu — fomos privados do prazer da sua companhia". Por que foi tão fácil para o senhor saber que era amigo dele quando escreveu esta carta, e hoje não consegue decidir se era ou não amigo dele quando o julgamento terminou?

R: Bom, isso foi há oito anos, e as minhas lembranças estavam bem mais frescas.

P: O senhor simplesmente esqueceu que foi amigo dele, certo?

A agonia de McGinniss não parou:

P: "Completos estranhos não precisam de mais de cinco minutos para ver que você não teve um julgamento justo." O senhor não acreditava realmente que ele não havia tido um julgamento justo, acreditava?

R: Bom, tenho a certeza de que isso foi uma simplificação exagerada, e na verdade a referência aos completos estranhos foi incorreta. Como é que eles poderiam ver o que quer que fosse em cinco minutos?

P: Eu não sei. Por que o senhor disse isso a ele?

R: Eu não sei. Porque, sabe, senhor Bostwick, quando eu escrevo uma carta é como se estivesse telefonando. A gente simplesmente...

P: Diz o que vem do coração, não é?

R: Diz o que vem à cabeça... não é como escrever para ser publicado.

P: Diz-se o que vem à cabeça... não é verdade? O que se sente realmente?

R: Toma-se menos cuidado com o modo de formar as frases.

A narrativa cuidadosamente formada de Bostwick ia chegando cada vez mais perto do tema da traição premeditada. Ele repisou impiedosamente a ideia de que o engano de MacDonald por McGinniss havia sido uma questão de simples oportunismo e que as cartas haviam sido escritas com total cinismo — para conseguir material de MacDonald e para aplacar quaisquer desconfianças que este pudesse ter, que pudessem pôr em perigo o projeto de McGinniss. Para fixar bem essa tese severa, Bostwick precedia a leitura de trechos das cartas com a leitura de trechos de entrevistas concedidas por McGinniss durante a campanha de publicidade para *Fatal vision*, nas quais, considerando-se ao abrigo da vingança de um homem trancafiado para toda a vida, ele falava de MacDonald com franca abominação. ("Ele é um ser humano muito doente", disse ele a um repórter e, em resposta à pergunta de outro, fixou o momento da sua percepção da culpa de MacDonald como tendo de fato ocorrido durante o julgamento.)

Kornstein, ao interrogar McGinniss de forma amistosa, três semanas depois, fez o que pôde para reparar o dano. Presumindo, não sem razão, que enganar uns quantos jornalistas durante uma campanha publicitária para um livro era um delito menor que enganar MacDonald por quatro anos, Kornstein fez com que McGinniss declarasse que havia informado mal os repórteres.

"As declarações, feitas por mim, de que eu estava convencido da culpa de MacDonald antes que o júri voltasse não refletiam com precisão a realidade das coisas", disse McGinniss, instado por Kornstein, e prosseguiu, "Eu apenas dei respostas abreviadas e simplistas que, em dois ou três casos, criaram uma impressão que não é... é a maneira como eu gostaria que tivesse sido, mais que o modo como foi." Kornstein também perguntou a McGinniss, "Naquelas cartas de 1979, o senhor sentia realmente cada emoção que expressava?".

R: Sim, senhor, sentia cada emoção que expressava. Não sou um escritor tão bom assim, para fingir algo como aquilo.

P: Havia alguma coisa naquelas cartas que o senhor pretendia que fosse falsa?

R: Nada que eu pretendia que fosse falso.

P: Havia alguma coisa naquelas cartas com a qual o senhor pretendia enganar MacDonald?

R: Se estivermos falando sobre aqueles seis ou nove meses iniciais, não, senhor. Eram expressões honestas de sentimentos que eu tinha na época.

Quando chegou a sua vez de interrogar McGinniss, Bostwick foi diretamente à garganta exposta:

P: O senhor disse ontem... considerando as cartas dos primeiros seis ou nove meses após o julgamento, [que] nunca teve a intenção de enganá-lo... *Depois* dos primeiros seis ou nove meses, o senhor tinha a intenção de enganá-lo?

R: Bom, houve um momento, certamente, em que eu passei a estar disposto a deixar que ele continuasse acreditando no que queria acreditar, de maneira que ele não tentasse me impedir de terminar o meu trabalho, sim, senhor.

P: Então a resposta é sim?

R: Suponho que a resposta possa ser interpretada desse modo.

P: Por alguém que lesse as cartas, por exemplo.

R: Bom, estou certo de que o senhor as interpretaria assim. Não sei... outras pessoas poderiam interpretá-las de outro modo.

Bostwick prosseguiu com a leitura de uma carta de McGinniss a MacDonald, datada de 14 de abril de 1982, escrita logo depois que MacDonald fora enviado de volta à prisão, após um período de dezoito meses de liberdade. (Em julho de 1980, o Tribunal da Quarta Circunscrição decidiu a favor do recurso de MacDonald, que alegava que ele não tivera um julgamento rápido, e ele foi solto. Depois, em março de 1982, a Suprema Corte derrubou a decisão da instância inferior, e MacDonald voltou para a prisão.) Bostwick disse, "Senhor McGinniss, o senhor disse à sua esposa que estava feliz por ele ter voltado para a cadeia. Duas semanas depois, nesta carta, o senhor está dizendo que espera poder telefonar para ele em casa. Por quê?".

R: Tal como já testemunhei, acho que foi porque eu o estava encorajando a não me desencorajar a terminar o livro no qual, naquela altura, eu já havia investido tanto da minha vida. O meu compromisso era com o livro e com esta verdade.

P: E tudo bem se o senhor dissesse a ele algo em que não acreditasse realmente, a serviço dessa verdade?

R: Eu diria que isso se encaixa na categoria de inverdade do senhor Wambaugh.

A referência de McGinniss à "categoria de inverdade" de Wambaugh dizia respeito a um episódio que, posteriormente, todos concordaram ter sido o momento central do julgamento. Como pedra angular da sua defesa de McGinniss, Kornstein reuniu um rol de escritores famosos — membros daquilo que ele chamou de "comunidade literária", e que Bostwick, com menos delicadeza, mas talvez com mais precisão, chamou de "indústria da escrita" — para testemunhar que o engano perpetrado por McGinniss era um procedimento comum. A lista de "peritos na relação entre escritor e personagem", preparada por Kornstein, incluía originariamente William F. Buckley Jr.,

Tom Wolfe, Jimmy Breslin, Victor Navasky, J. Anthony Lukas e Wambaugh, mas apenas Buckley e Wambaugh chegaram realmente a depor; após o depoimento deles, o juiz, sentindo aparentemente que a defesa já havia sido bastante castigada por si mesma, declarou um recesso e determinou que não fossem ouvidos mais escritores.

Buckley veio em primeiro lugar. Kornstein perguntou-lhe, "Baseado nos costumes, na prática e nos usos correntes na comunidade literária, e na sua própria experiência, qual é o objetivo da opção do escritor por estimular a autoilusão por parte do entrevistado?".

R: Bom, também nesse caso, trata-se de uma questão artística. Se o senador [Alan] Cranston, digamos, enquanto eu estivesse escrevendo uma biografia sobre ele, começasse a fazer referências que me dessem a impressão que ele tem outra esposa morando na Flórida, eu voltaria, de tempos em tempos, a esse tema, para encorajá-lo a me dar mais detalhes, mas eu não o alertaria para o fato de eu estar subitamente descobrindo que ele é bígamo. [...]

P: Mais uma vez, baseado no costume, na prática e nos usos da comunidade literária, e na sua própria experiência, seria adequado ou inadequado fingir talvez concordar com os princípios do entrevistado para encorajar a continuação da conversa?

R: Bom, acho que seria adequado, dadas as prioridades. Estas dizem que se deve encorajar a pessoa sobre a qual se está escrevendo a dizer tudo, e se isso exige que se vá a um bar tomar uma cerveja com ela, você vai até o bar e toma uma cerveja com ela. Se isso quer dizer que se tem que escutar três horas de questões aborrecidas e triviais que na verdade não interessam, você vai em frente e faz isso. Faz parte da provação do escritor na busca de colher todos os fatos, com base nos quais ele faz as suas avaliações definitivas.

Em seu interrogatório, Bostwick foi sem rodeios ao tema que ele mais apreciava:

P: O senhor não estaria tentando dizer ao júri que acredita que um escritor pode mentir para o protagonista de um livro que esteja escrevendo, ou está?

R: Bom, depende do que o senhor quer dizer com a palavra "mentira".

P: Uma mentira é uma exposição falsa dos fatos, senhor Buckley. Sinto muito que o senhor esteja tendo tantas dificuldades...

R: Bom, veja bem, veja bem...

P: Posso tentar dar-lhe a definição da palavra "mentira".

R: Veja bem, não é assim tão fácil. Eu li o livro de Sissela Bok sobre a mentira, e não é tão fácil assim. Por exemplo, se a Gestapo chegasse e perguntasse, "O juiz Rea estava aqui? Para onde foi ele?", e eu respondesse, "Bom, ele foi por ali", estaria mentindo? Tomás de Aquino diria que sim, e muitas outras pessoas diriam que não, que eu estava simplesmente defendendo uma vida inocente.

Bostwick continuou a empurrar Buckley em direção ao campo minado.

P: Estou apenas perguntando se é costume e prática no terreno literário que os escritores mintam para os seus entrevistados a fim de obter mais informações.

R: Dependeria realmente da situação. Se, por exemplo, o senhor estivesse escrevendo um livro sobre alguém que fosse um notório conquistador e ele dissesse, "Quer dizer, você acha mesmo que a minha mulher é impossível, não acha?", o senhor poderia dizer, "É, deve ser difícil conviver com ela", simplesmente com o propósito de lubrificar a discussão de modo a obter mais informações. [...]

P: De maneira que, se for preciso, o senhor pega e vai tomar uma cerveja com o cara para obter mais informações, certo?

R: É, certo.

P: E, se for preciso, [o senhor] fica escutando três horas de conversa aborrecida da pessoa para extrair mais dela, certo?

R: É isso mesmo.

P: E, se for preciso, o senhor diz a essa pessoa algo em que não acredita realmente para poder obter mais informações dela, não é assim?

R: Sim. É assim mesmo, entendido em um contexto.

Kornstein submeteu Wambaugh ao mesmo tratamento dispensado a Buckley e, surpreendentemente — como se não fosse a mesma pessoa que havia escrito a MacDonald uma carta tão diretamente honesta —, Wambaugh afirmou que enganar os indivíduos sobre os quais escreviam era uma espécie de dever sagrado dos autores.

P: Existe, no mundo literário, algum tipo de costume ou prática sobre se o escritor deve ou não revelar as suas opiniões à sua personagem?

R: Acho que não se deve nunca revelar as próprias opiniões, pois isso poderia encerrar qualquer comunicação posterior.

P: Isso aconteceu alguma vez, na sua experiência?

R: Sim. Frequentemente [as personagens] me faziam perguntas que, se fossem respondidas com a verdade, encerrariam qualquer comunicação posterior.

P: E como é que o senhor as respondia?

R: Eu diria uma inverdade se fosse preciso.

P: Será que o senhor poderia dar-nos um exemplo?

R: Sim. Ao escrever *The onion field*, lembro-me de que um dos assassinos perguntou-me se eu acreditava quando ele dizia que não havia atirado no policial, e nessa altura eu já havia entrevistado dezenas de testemunhas e tinha uma montanha de informações, e não acreditava nele, mas disse que sim, porque queria que ele continuasse falando. Pois a minha responsabilidade suprema não era para com aquela pessoa, a minha responsabilidade era para com o livro.

Na sua vez de interrogar, Bostwick perguntou a Wambaugh, "O senhor diria uma inverdade aqui, hoje?", e Wambaugh respondeu, "Não, senhor".

P: Por que é que o senhor diria uma inverdade naquela ocasião, mas não hoje?

R: Para começar, eu não estava sob juramento.

P: Essa é a diferença?

R: Não, senhor. O meu trabalho é chegar até a verdade, com o propósito de contar uma história coerente, de modo que eu tinha que encorajar aquela pessoa a fazer isso. Posso descrever a diferença entre a inverdade e a mentira?

A distinção proposta por Wambaugh — "Uma mentira é algo não verdadeiro que é dito com intenção malévola ou má-fé", enquanto uma inverdade "é parte de um mecanismo mediante o qual pode-se alcançar a verdade de fato" — não fez senão fornecer a Bostwick mais uma arma. No seu discurso final ao júri, ele pôde dizer, em tom jocoso, "Wambaugh... este foi interessante. Fiquei intrigado com a sua definição de mentira e inverdade, e houve algo na maneira como ele disse isso que me fez pensar que vocês poderiam estar também, não tenho a certeza. *Eu* tentaria sempre dizer, se fosse apanhado dizendo uma mentira, 'Bem, eu não estava realmente falando sério. Não foi uma mentira mal-intencionada, na verdade'". Voltando as suas atenções para Buckley, Bostwick observou, "Ora, Buckley de fato não sabia o que é uma mentira. Tivemos uma conversa interessante sobre são Tomás de Aquino e Sissela Bok, mas ele não tinha muita certeza do que era. A minha mãe teria ensinado a ele, se estivesse aqui, posso garantir".

O desastre dos depoimentos de Wambaugh e Buckley ilustra uma verdade que muitos de nós aprendemos desde criança: a invariável ineficácia da defesa do tipo "não me culpe... todo mundo faz isso". A sociedade funciona entre os extremos de, por um lado, uma moralidade intoleravelmente estrita e, pelo outro, uma permissividade perigosamente anárquica, mediante um acordo tácito pelo qual temos licença para romper as regras da moralidade mais estrita, contanto que o façamos de maneira discreta e silenciosa. A hipocrisia é o lubrificante que mantém a sociedade funcionando de modo satisfatório, fazendo concessões para a falibilidade humana e reconciliando as necessidades humanas, aparentemente irreconciliáveis, de ordem e de prazer. Quando Buckley e Wambaugh disseram, sem meias palavras, que não há nada de mal em se enganar uma personagem, romperam um contrato que reza que nunca se deve admitir explicitamente que se desrespeitou uma regra em benefício próprio. Faz-se a coisa e cala-se a boca a respeito, e espera-se que ninguém descubra, pois, caso isso aconteça, ninguém — ou pelo menos ninguém que tenha um mínimo de bom senso — vai dar dois passos à frente e anunciar que fez a mesma coisa. Quando Kornstein, em sua declaração final, disse que "Buckley e Wambaugh testemunharam que a tarefa é conseguir a história, e que se faz o que for necessário para consegui-la", ele estava simplesmente dando a deixa para o esmagador sermão sobre decência que Bostwick fez, com o maior prazer, no seu discurso final. "Aquilo que ouvimos aqui hoje de manhã foi realmente ultrajante", disse Bostwick, e continuou:

O que é ultrajante é que o réu neste caso, supostamente um protetor das liberdades da Primeira Emenda — liberdade de palavra, liberdade de expressão —, trouxe ao assento das testemunhas peritos que disseram, nas palavras do próprio senhor Kornstein, que eles devem fazer o que for necessário para escrever o livro. Foram estas as palavras que ele usou: "o que for necessário".

Tais palavras têm sido usadas por ditadores, tiranos e demagogos, ao longo de toda a história, para racionalizar o que eles fazem. [...] Acabamos de passar por uma série de investigações do Congresso em que esta era também uma das desculpas: tínhamos que fazer o que fosse necessário. Tudo bem mentir, pois era necessário.

Os peritos disseram que é correto dizer a alguém algo em que não se acredita, contanto que se obtenha mais informações desse alguém, para o bem do projeto. Eu fiquei escutando por duas horas e meia, espantado que isso fosse proposto em um tribunal como o tipo de princípio que deveria guiar os escritores, os advogados e os júris. Não podemos fazer o que for necessário. Temos que fazer o que for certo.

No dia 23 de novembro de 1987, três meses depois do final do julgamento, chegou-se a um acordo para resolver a disputa, no qual McGinniss, sem admitir estar errado, comprometia-se a dar a MacDonald 325 mil dólares, a serem pagos por uma entidade não especificada, presumivelmente a companhia de seguros da editora de McGinniss. Por acaso, eu estava na Califórnia no dia do acordo, para o meu primeiro encontro com Bostwick — mais precisamente, estava no escritório dele em Santa Mônica, lendo documentos do processo enquanto esperava que ele voltasse das negociações do acordo. Desde o dia em que McGinniss me telefonou de Williamstown para interromper as nossas conversas, eu estava em um estado de estranha incerteza sobre o que fazer a seguir. Estranha, porque no passado o trabalho de reportagem era algo que eu fazia de maneira fácil e instintiva; era como ir até a mercearia para comprar os ingredientes do jantar. Com este projeto, porém, nada era instintivo ou fácil. A mercearia, que até pouco tempo antes era um supermercado americano vasto e abarrotado, havia encolhido para uma quitanda vazia de um país do Terceiro Mundo. Não havia nada que eu pudesse pegar. McGinniss havia cortado relações comigo, Kornstein não respondia aos meus telefonemas, os amigos de McGinniss não falavam comigo, e até mesmo a estenógrafa do tribunal a quem eu havia pedido uma transcrição do julgamento parecia fazer parte daquilo que eu estava começando a considerar como uma conspiração do destino: ela nunca estava no escritório, e a transcrição não vinha, simplesmente. Enquanto eu esperava por ela, em Nova York, ia de vez em quando ao prédio onde ficava o escritório de Kornstein (que, por acaso, era a duas quadras da minha casa) e perscrutava ansiosamente o saguão de entrada. Enquanto me impacientava, ruminava também sobre o que havia acontecido entre eu e McGinniss. O que é que eu havia feito para que ele pensasse em mim como mais um perseguidor, em vez de simplesmente um colega que viera para discutir questões de interesse comum colocadas pelo seu processo? Percebi que não havia sido muito imaginativa. Quando alguém se sente tão assediado quanto ele devia estar se sentindo, qualquer coisa aquém de uma concordância total e enfática parece ser hostil e insensível. Quando se está magoado, o que se quer é solidariedade e conforto, e não uma discussão abstrata. E quando se sustenta — tal como McGinniss, Kornstein, Buckley e Wambaugh haviam sustentado — que todo o futuro do jornalismo pode depender da liberdade do escritor para dissimular, pois de outro modo a personagem se afastaria, fica-se obrigado a afastar-se de um escritor que não parece lá muito convencido da justeza da posição da gente. Para McGinniss, continuar as nossas entrevistas apesar do meu ceticismo teria sido o mesmo que repudiar a sua própria posição. Era logicamente imperativo que ele interrompesse as entrevistas e me deixasse de mãos abanando, tal como ele acreditava que teria ficado se tivesse revelado os seus verdadeiros pensamentos a MacDonald.

Agora, no escritório de Bostwick, eu estava sentindo aquela conhecida agitação de algo que eu não sentia desde que McGinniss me dispensara — algo que reconheci, com enorme prazer, como a volta do apetite depois de uma doença. Tratava-se do sentimento de vaidade gratificada que o jornalismo americano quase que garante aos seus profissionais quando estão em campo trabalhando em uma reportagem. Na nossa sociedade, o jornalista está no mesmo nível que o filantropo, como alguém que possui algo de extremo valor para dar (a moeda dele é a substância estranhamente intoxicante chamada publicidade), e que, por conseguinte, é tratado com uma deferência bastante fora de proporção com os seus méritos como pessoa. Há pouquíssimas pessoas neste país que não consideram enlevada a possibilidade de que alguém escreva sobre elas, ou de serem entrevistadas no rádio ou na televisão. Mesmo alguém tão esperto e senhor de si como Bostwick disse-me sim quando eu lhe telefonei de Nova York para perguntar-lhe se podia entrevistar tanto ele quanto o seu cliente. O primeiro passo dele no minueto foi dizer que o seu lado do processo não havia recebido um tratamento justo da imprensa, e que esperava que eu tivesse um espírito mais imparcial. O meu primeiro passo, pois não queria perdê-lo nem perder MacDonald, do mesmo modo que havia perdido Kornstein e McGinniss, foi dizer que a justiça é um ideal e não algo que se possa dar ou negar à vontade — e que, de qualquer modo, não se trata de uma qualidade que os escritores cultivam com muito interesse. Ele então murmurou seu apreço pela minha resposta "honesta" — com a qual, é claro, eu tinha apenas levado a insinuação a um nível mais alto. Durante toda a minha estadia na Califórnia, mantive a postura da repórter francamente honesta que diz o que pensa e nunca diz uma inverdade wambaughiana. Acho que o sentido (ou falta de sentido) dessa postura foi completamente entendido por Bostwick e pelos seus associados, e, mais tarde, por MacDonald e pelos seus vários amigos e seguidores. Acredito que, quando cheguei ao cenário, todos os envolvidos no processo MacDonald-McGinniss estavam completamente familiarizados com as estruturas mais profundas do encontro jornalista-personagem e não tinham nenhuma ilusão a respeito de mais um jornalista com um novo disfarce. Mas quantos de nós, desiludidos a respeito da natureza do amor romântico, somos capazes de dispensar por isso um pretendente plausível, quando este aparece? Não é verdade que alguns raros casos de amor *não* acabam mal? E não é verdade que o pretendente mais recente é sempre de um tipo diferente de todos os anteriores?

No escritório de Bostwick, eu sabia que aquela sensação de bem-estar não era devida apenas ao excelente clima da Califórnia. A metáfora do caso de amor é válida para os dois lados da equação jornalista-personagem, e o jornalista não é menos suscetível que a personagem aos seus prazeres e excitações. Na nossa conversa, e nas transcrições do julgamento, McGinniss fizera questão de diferenciar entre as fases de reportagem e de escritura do trabalho jornalístico, falando delas quase como se uma não tivesse nada a ver com a outra, e como se o trabalho de reportagem e o de escrever fossem feitos por duas pessoas diferentes. Ao mesmo tempo que essa confissão de duplicidade foi a perdição de McGinniss no julgamento — a contradição entre o sujeito simpático, que havia morado com MacDonald na república de estudantes e que havia escrito para ele na prisão, e o gélido "autor de sucesso" de *Fatal vision* era simplesmente grotesca demais — ela é de fato uma descrição precisa do processo jornalístico em geral. Há um abismo entre a experiência do jornalista que está em campo falando com as pessoas e a sua experiência de estar sozinho em um cômodo, escrevendo. Quando as entrevistas terminam e o jornalista enfrenta pela primeira vez a tarefa de escrever, ele não está menos ressentido que a personagem quando lê o texto acabado. Algumas vezes, a tarefa parece particularmente pesada. Em 1985, em resposta a uma questão do queixoso, McGinniss escreveu sobre "demasiadas noites sem dormir demasiados pesadelos, demasiadas manhãs nulas, opacas, vazias, olhando pela janela traseira da minha casa com um café frio na mão, adiando por mais um minuto, mais cinco, mais dez, a pavorosa tarefa de subir de novo e confrontar mais uma vez a arrepiante percepção que, contra a minha vontade, estava se formando...". A percepção era que MacDonald havia assassinado a esposa e as filhas; mas nenhum escritor lê esse trecho sem reconhecer nele o sentimento de não querer começar a trabalhar em alguma coisa que pode não sair bem — e McGinniss estava repleto de motivos para sentir-se ansioso sobre como sairia o *Fatal vision*.

Mas agora, esperando por Bostwick, o problema de escrever, tal como acontecera com McGinniss nos primeiros dias do seu encontro com MacDonald, era para mim como o problema da morte: não interferia com os prazeres do presente. Baseada nas repetidas referências de Bostwick à mãe dele nas transcrições do julgamento e do tom amigável da sua voz com sotaque dos Estados da Grande Planície no telefone, eu havia formado uma imagem dele como um tipo nitidamente excepcional, com um escritório despretensioso, bem de acordo com essa imagem: uma ou duas salas agradavelmente desleixadas, na parte de cima de uma, digamos, loja de aluguel de equipamento de mergulho em uma rua comercial. O verdadeiro escritório, contudo, localizado em um dos extremos do Wilshire Boulevard, seguia os padrões caros do mais moderno e luzidio design. Passando a recepção, onde o sistema de som transmitia música de Mozart e uma recepcionista vestida com elegância atendia em um balcão cinza-claro, via-se uma sala de reuniões decorada com uma mesa laqueada e dez cadeiras de estilo vagamente oriental por trás de uma parede de vidro, e além dela uma vista do Pacífico de cortar o fôlego, que parecia ter saído, ela também, das mesas de projeto de uma conceituada firma de design pós-moderno.

Bostwick havia deixado uma sala à minha disposição, com uma pasta com provas do julgamento que ainda não pertenciam ao domínio público, e havia designado um assistente para cuidar de mim. Por volta do meio-dia, ele telefonou para anunciar que haviam chegado a um acordo. Naquela noite, Bostwick, sua esposa Janette (uma mulher bonita e delicada, de fala mansa, terapeuta gestaltiana) e eu fomos jantar juntos em um restaurante próximo ao escritório. A ocasião tinha uma leve atmosfera de comemoração. Bostwick recordou-se dos primeiros dias do caso.

"Quando MacDonald nos procurou pela primeira vez, nós lhe dissemos que o seu processo por calúnia não valia nada, pois ele era a prova de calúnia", disse ele. "Como é que se pode arruinar a reputação de alguém que foi condenado por assassinato? Mas quando ele nos deu as cartas de McGinniss dissemos: 'Isto é um caso clássico de fraude' — porque já conhecíamos os artigos em que McGinniss dizia aos repórteres que tinha se convencido da culpa de MacDonald durante o julgamento. Tomei um depoimento de McGinniss em 1985 e, depois de uma hora na sala com ele, sabia que ele estava no papo. A partir desse dia, eu chegava a esfregar as mãos de alegria, pois sabia o que podia fazer com ele no interrogatório. E nem teria que ser um interrogatório muito bom."

"Aquele primeiro depoimento foi em Nova York", prosseguiu Bostwick, "e então, um ano depois, tomei outro depoimento, em Pittsfield, Massachusetts, que fica perto de Williamstown. McGinniss tinha se recusado a vir a Nova York para a segunda parte do depoimento. Ele disse, 'Da última vez, eu fui cortês para com o senhor e fui até Nova York. Desta vez, o senhor vai ter que vir até Massachusetts'. A lei diz que não se pode obrigar uma pessoa a afastar-se demais de casa, e então eu fui. Por acaso, foi uma grande viagem. Isso foi no final de outubro, logo depois que os Mets ganharam o campeonato. O meu voo seguiu o rio Hudson direto até Albany, e foi a viagem de avião mais bonita que eu já fiz. De Albany, fui de carro até Pittsfield. Kornstein teve muito mais dificuldade em chegar até lá. Ele saiu de Manhattan mais ou menos na mesma hora que eu saí de Los Angeles. Foi mais trabalhoso para ele que para mim." Bostwick riu. "Dá para imaginar os advogados fazendo pose com esse tipo de coisa — 'Bom, daquela vez, eles ganharam, fazendo a gente ir até Massachusetts'? Você ficaria espantada em saber quantas vezes isso acontece neste ramo. As pessoas brigam ferozmente por esse tipo de coisas e depois ficam enterradas até a cintura na lama e perguntando-se, 'Como é que eu vim parar aqui? O que aconteceu?'. Você agiu feito um cretino, foi isso que aconteceu. Às vezes eu fico pensando no que é ser um advogado. Não fui advogado a minha vida inteira — já fui voluntário do Peace Corps, tradutor, engenheiro e oficial do exército antes disso."

Bostwick trocou o prato vazio dele pelo meio cheio da mulher e, levando à boca uma generosa garfada de peixe, disse: "McGinniss disse que tinha uma dívida com Colette e com as crianças em escrever aquele livro, mas — como eu disse no meu discurso de encerramento — não era com elas que ele tinha uma dívida, mas com o Banco da Nova Inglaterra. Se você lesse aquelas cartas para MacDonald, veria que ele estava o tempo todo com problemas financeiros. Foi por isso que ele teve que continuar enganando MacDonald, para que este cooperasse com ele até que terminasse de escrever o seu *best-seller*. Ele recebeu o adiantamento da editora e o gastou. Não estava livre para dizer a verdade a MacDonald".

Foi interessante ver que, apesar de o processo já ter sido encerrado por um acordo, Bostwick continuava presa do desagrado e do desprezo pelo réu que havia sido o objeto do trabalho dele no tribunal. É evidente que, para ser um bom advogado, é preciso saber odiar. Um processo está, para a vida ordinária, assim como a guerra está para os tempos de paz. Em um processo, todos os do outro lado são maus. A transcrição de um julgamento é um discurso sobre a malevolência.

Perguntei a Bostwick se ele não achava possível que McGinniss *estivesse* dizendo a verdade nas suas cartas a MacDonald — que tanto o amava como o odiava.

Bostwick, como se tivesse acabado de lembrar-se de que não estava mais no tribunal, e que podia fazer concessões ao adversário sem pôr em perigo o próprio lado, concordou. "As coisas não eram simples para ele. Ele tinha emoções conflitantes."

Janette, que não havia falado muito, disse então: "No meu trabalho, um paciente chega e diz, 'Esta é a verdade sobre mim'. Mais tarde, no decorrer da terapia, é possível que surja uma verdade significativa e completamente contrária — mas ambas são verdadeiras".

"A mesma coisa acontece nos processos judiciais", disse Bostwick. "As pessoas acham que se trata de uma busca da verdade. Mas eu não penso que seja essa a sua função na sociedade. Estou convencido de que a função do processo é catártica. É um meio que permite que as pessoas ventilem as suas diferenças, que faz com que elas sintam ter um fórum. De algum modo, aliviam-se as tensões no corpo social, chegando-se ou não à verdade."

"Mas em um julgamento criminal", disse eu, introduzindo o tema para o qual toda discussão sobre o processo MacDonald-McGinniss leva inevitavelmente, "não existe apenas uma verdade? Não é certo que, ou MacDonald cometeu aqueles crimes, ou não cometeu?"

"Não acredito que ele tenha cometido", disse Bostwick "e não teria assumido o caso se achasse que ele é culpado. É provável que eu tenha dado uma explicação melhor disso à minha filha, quando ela começou a ser incomodada na escola por causa do meu envolvimento no caso. O que eu disse a ela foi, 'Veja, ninguém sabe. Só Deus e o doutor MacDonald sabem, e nenhum dos dois vai dizer nada. Mas eu *acredito* que ele não é culpado. A descrição que ele deu dos quatro invasores confere com a de pessoas que foram vistas em um raio de oito ou dez quilômetros da sua casa, poucas horas antes dos assassinatos. Nunca me explicaram como é que ele pôde descrever aquelas pessoas'."

No julgamento, Bostwick havia questionado McGinniss sobre a sua certeza de que MacDonald havia cometido os assassinatos, lendo em voz alta um trecho de *Fatal vision* em que McGinniss, referindo-se à mãe de MacDonald, escreveu: "Há coisas demais que eu não podia dizer [a ela], por exemplo que eu sabia que o filho dela havia matado a esposa e as filhas". Depois de ler, ele perguntou a McGinniss "O senhor não *sabe* realmente que ele matou a esposa e as crianças, sabe?". A troca de palavras continuou:

R: Bom, eu sei que ele foi condenado, e que essa condenação foi confirmada por todos os tribunais de recursos que a consideraram.

P: Mas não é isso que diz aqui, senhor McGinniss. É por isso que eu fiz a pergunta nas suas próprias palavras. O senhor não sabe realmente, sabe?

R: Sei o bastante para satisfazer-me, sim, após quatro anos de intensa investigação.

P: Alguma vez o senhor falou com alguém que o senhor acha que *sabe* que o doutor MacDonald cometeu o crime?

R: Bem, as vítimas estão mortas. Não posso falar com elas. E passei a acreditar que MacDonald simplesmente não disse a verdade.

P: Alguma vez o senhor falou com alguém que *sabe* que o doutor MacDonald cometeu os crimes?

R: Bom, acho que o senhor está entrando em uma questão de epistemologia aqui, senhor Bostwick.

P: É isso mesmo. Concordo com o senhor.

R: Sim.

P: Falou alguma vez com alguém que sabe?

R: Não pude falar com Colette. Não pude falar com Kimberly.

P: O senhor falou com alguém que *sabe*, senhor McGinniss?

R: Sim, falei.

P: Com quem o senhor falou?

R: Falei com MacDonald.
P: O senhor sabe que ele sabe?
R: Sei no meu coração que ele sabe.
P: Alguma vez ele disse ao senhor que sabe?
R: Certamente que não.

Agora, no restaurante, Bostwick estava falando na sua própria disposição a viver com a dúvida. "Dados os fatos tais como os conheço — e há muitas provas de ambos os lados —, prefiro não ter certeza a escolher uma saída fácil e livrar-me do desconforto tendo absoluta certeza. Eu não *sei*, e ninguém, aqui na terra, pode ter absoluta certeza da verdade neste caso. Eu realmente não confio em ninguém que afirme ter absoluta certeza."

A minha primeira visão de MacDonald — que aconteceu no dia seguinte — foi a de um homem alto e bem-apessoado, vestido com um macacão de algodão azul-claro, realizando uma proeza em termos de pose. Os prisioneiros, em Terminal Island, são levados algemados à sala de visitas; livram-se delas colocando os braços na fenda de uma porta gradeada de modo que um guarda do outro lado possa removê-las. Encontrar-se com um visitante nessas circunstâncias não parece deixar muita latitude para uma entrada triunfal, mas MacDonald, de algum modo, conseguiu passar pelo ritual humilhante como se fosse um ator desfazendo-se rapidamente dos seus trajes antes de cumprimentar os amigos no camarim de um teatro, e não um prisioneiro deixando o confinamento solitário por algumas horas. Ele havia sido transferido da prisão federal no Arizona, onde estava cumprindo a sua pena, para Terminal Island, a fim de que pudesse assistir ao julgamento de McGinniss, e ainda não tinha sido transferido de volta. Durante o julgamento, por motivos burocráticos, ele fora colocado na "cova", e continuava nela. A cela onde o mantinham media um metro e meio por três, com um catre e uma privada. Durante uma hora por dia, permitiam que ele saísse para exercitar-se.

MacDonald e eu ficamos sentados um na frente do outro em uma mesa pequena, coberta de plástico, em um cubículo separado de outro idêntico (que não foi ocupado) por uma divisória de vidro. As regras haviam mudado em Terminal Island, e agora os jornalistas podiam levar blocos de anotações e gravadores; assim, havia um gravador na mesa, entre nós. MacDonald trouxe com ele uma prancheta, à qual estava preso um grosso maço de papéis, e começou a falar rápida e incessantemente, como um executivo ou um político com uma arenga sempre pronta; usou muitos "nós", em vez de "eu". No entanto, ao contrário de muitos faladores compulsivos, que consideram o que você possa ter a dizer como uma interrupção incômoda, ele ficava em silêncio e escutava com muita atenção quando eu falava. Quase dava para sentir a intensidade da escuta dele, e fiquei impressionada com a sua inteligência como interlocutor. Só depois de um certo tempo é que o interesse dele pelo que eu estava dizendo começava a diminuir, e ele retornava à mesma velha história obsessiva, fechada e agressiva — "condenação injusta", "juiz tendencioso", "provas suprimidas", "novas testemunhas" — pela qual vinha pautando sua existência nos oito anos que se passaram desde a condenação.

Tanto na história preparada como nas respostas espontâneas, MacDonald usava uma linguagem curiosamente contraditória com a sua personalidade: ele próprio transmitia uma vivacidade tensa, mas a linguagem em que se expressava era morta, rasa, mansa, repleta de chavões, sem matizes. A discrepância ficou ainda mais marcada quando, de volta ao quarto de hotel, escutei as gravações que havia feito na prisão. Isoladas e privadas da forte presença gestual do homem, as palavras em si eram de uma puerilidade aterradora. Em *Fatal vision*, muitas páginas são dedicadas a extratos das gravações que MacDonald fez para McGinniss na prisão, e reconheci a linguagem: "O ano em Princeton foi absolutamente bárbaro", começa uma seção intitulada "A voz de MacDonald", e continua: "Eu estava absolutamente apaixonado por Colette e achei que ter Kimberly foi legal, e convidamos montões de pessoas para a nossa casa".

70

Poucos meses depois de encontrar-me com MacDonald, fui jantar com Michael Malley, e no final da noite ele mencionou o problema da fala de MacDonald. "A linguagem não é um dos fortes de Jeff", disse ele. "Ele não expressa bem os próprios sentimentos, e não expressa sutilezas. Se eu fosse refazer Jeffrey MacDonald, começaria pela linguagem dele. A linguagem é que torna humanas as pessoas e é o meio fundamental que temos para saber quem são os outros. Acho que houve duas razões para a condenação de Jeff. Uma delas foi que o juiz cerceou-nos no tocante às provas que poderíamos apresentar. E a outra foi o próprio Jeff. Ele não tinha a habilidade necessária para fazer com que o júri acreditasse nele. Esta é uma ideia da qual ele não gosta. Ele acha que conta bem a própria história. Mas eu sempre digo a ele, 'A vez que você contou melhor a sua história foi no inquérito militar, quando você se desesperou e parou de falar, quando você não conseguiu continuar falando' — e aquele velho coronel e os outros três oficiais do Exército que estavam lá sentados tiveram que engolir os soluços."

Na época em que jantamos juntos — abril de 1988 — eu estava me correspondendo com MacDonald, e na minha carta seguinte aproveitei a oportunidade do meu encontro com Malley para abordar delicadamente o tema da fala e perguntar-lhe se ele via nela qualquer tipo de problema. A resposta de MacDonald estendeu-se por catorze páginas. Ele escreveu, entre outras coisas:

Seus comentários relativos a eu ser vivaz em pessoa mas não tanto nas cartas e nas transcrições surpreendem-me só um pouco. [...] Se eu pareço ser tão reservado, com certeza o fator mais importante é o fato de eu ter sido injustamente acusado e condenado. E cada frase que disse para me defender, ou *não disse* para me defender, foi exaustivamente analisada. Os meus gestos, as minhas palavras, as minhas cartas, os meus sonhos, as minhas memórias — *tudo* foi dissecado, em público ou em particular, e começo a sentir que *nada*, a não ser pedaços minúsculos da minha memória, continua a ser sagrado. [...].

Pessoalmente, sinto que os pelos da minha nuca se arrepiam quando você me faz essa pergunta, pois (para mim), inerente a ela há uma defesa do ultrajante retrato, intencionalmente deformado, feito por McGinniss. O que a pergunta parece dizer é que "Jeff é parcialmente responsável pelo retrato reconhecidamente impreciso feito por Joe". Acho que isso não passa de tapeação, uma desculpa por seu completo & total fracasso em ser verdadeiro e preciso. [...] McGinniss deveria ser obrigado a responder pelas suas mentiras, pelos seus enganos, pelas suas ações fraudulentas, pelos seus falsos relatos. Com certeza poucos escritores tiveram um acesso *tão grande* à pessoa sobre a qual escrevem, se é que têm algum acesso, a não ser as equipes formadas por marido e mulher. Nós dois não só nos encontramos, jantamos, conversamos e nos correspondemos por mais de quatro anos como até vivemos juntos, e ele teve acesso à correspondência de toda uma vida, e acesso total a todos os amigos & conhecidos de importância na minha vida. Além disso, ele agiu como parte da minha equipe de *defesa*, pelo amor de Deus, uma situação em que todas as vulnerabilidades concebíveis são dissecadas e dissecadas *ad nauseam*. Além disso, ele me viu sob extrema pressão e teve acesso total a muitos outros que viveram ou trabalharam comigo sob outras condições de pressão.

De maneira que ele não tinha *nenhuma* desculpa para fazer um retrato falso. Ele não estava olhando para uma personagem distante através de uma névoa — ele estava profundamente envolvido, na qualidade de "melhor amigo" , por quatro anos — e mesmo assim conseguiu não enxergar todo o cerne do meu ser. [...]

Não voltei a pressionar MacDonald sobre a questão de sua linguagem. Mais tarde, ao reler a transcrição do julgamento de McGinniss, deparei-me com um trecho dos depoimentos que, se me tivesse lembrado dele antes, teria pensado duas vezes antes de sugerir a MacDonald que havia algo de esquisito no modo como falava. Tratava-se do depoimento do psiquiatra Michael Stone, contratado por Kornstein para confirmar a veracidade da teoria de McGinniss, exposta em *Fatal vision*, segundo a qual MacDonald sofria do mal kernebergiano do narcisismo patológico. (No interrogatório cruzado, Bostwick teve oportunidade de assinalar que o narcisismo patológico não aparece no *Diagnostic and statistical manual of mental disorders* [Manual diagnóstico e estatístico de distúrbios mentais] da Associação Psiquiátrica Americana — o que, no entanto, não quer dizer que os distúrbios ali relacionados sejam menos questionáveis; a nossa nomenclatura padrão para diagnósticos psiquiátricos tem todo o poder explicativo da nomenclatura da fisiologia medieval relativa aos quatro humores.) Embora Stone, formado pelo Instituto Psicanalítico de Columbia e professor de psiquiatria clínica da Escola de Medicina da Universidade Cornell, nunca houvesse examinado (ou sequer conhecido) MacDonald, ele não tinha nenhuma dúvida, após ter lido a transcrição de seiscentas páginas das gravações feitas por MacDonald para McGinniss, de que o homem sofria de algo ainda pior que o narcisismo patológico — ou seja, de "narcisismo maligno, que é [...] como o narcisismo patológico em um grau mais elevado". Stone disse ao júri que ele havia montado uma tabela dos "vários traços, qualidades e exemplos anormais" encontrados na transcrição, mas que "as evidências mais impressionantes de narcisismo patológico [...] não são as que se encontram em uma dada página, mas o que *não* se encontra em qualquer das páginas".

"O que o senhor quer dizer com isso?", inquiriu Kornstein.

"Em tudo isso", retrucou Stone, "não há nada que pareça genuíno, seja sobre [MacDonald], seja sobre qualquer outra pessoa, com a possível exceção da sua própria rabugice e propensão a ficar enraivecido quando é contrariado. Mas, além disso, ninguém aparece com vida, para o leitor. Eu li esse material duas vezes. Montei, como já disse, uma espécie de tabela. Não poderia dizer como era Colette na realidade; não poderia dizer como era Kimberly na realidade. [...] Nenhuma delas aparece com vida: são figuras inanimadas. E isso é uma coisa espantosa de se experimentar, quando se está lendo seiscentas páginas de material autobiográfico."

Ao escrever para MacDonald que "aparece menos de você nos seus escritos e nas transcrições da sua fala do que é normal", eu cometera o mesmo erro que Stone, maravilhado com a incapacidade de MacDonald de traçar retratos tolstoianos de si mesmo e da sua família. O afável embotamento de MacDonald nas fitas parecera pouco normal, a mim e a Stone (e também para McGinniss, que me disse que gemia cada vez que chegava uma nova fita da prisão), devido ao contraste entre ele e o caráter excitantemente assustador do crime pelo qual ele fora condenado: um assassino não deveria falar como um guarda-livros. Na verdade, porém — como qualquer jornalista pode confirmar — a falta de interesse de MacDonald não é nada anormal. No romance experimental de Philip Roth, *The counterlife* [*O avesso da vida*, Companhia das Letras, 1987], o romancista-narrador Zuckerman observa:

> As pessoas não se entregam aos escritores como personagens literárias plenamente desenvolvidas — em geral, elas contribuem com muito pouco e, após o impacto da impressão inicial, raramente são de qualquer ajuda. A maioria das pessoas (começando com o romancista — ele próprio, sua família e praticamente todos os seus conhecidos) são absolutamente pouco originais, e a tarefa do escritor é fazer com que elas apareçam de outro modo. Não é fácil. Para que Henry se revelasse interessante, eu teria que fazer isso.

No entanto, quando um jornalista se depara com alguém como Henry ("ingênuo e desinteressante" e "perfeitamente comum" é a descrição que Zuckerman faz dele), tudo o que pode fazer — já que a sua tarefa é relatar, e não inventar — é fugir dele e esperar que logo apareça uma personagem mais interessante. Pois enquanto o romancista, ao buscar por um herói ou heroína, tem toda a natureza humana para escolher, o jornalista tem que limitar os seus protagonistas a um pequeno grupo de pessoas de uma certa natureza rara, exibicionista e autofabuladora, que realizaram em si mesmas o trabalho que o romancista realiza com as suas personagens imaginárias — aquelas que, em resumo, se apresentam como figuras literárias prontas e acabadas. No processo MacDonald-McGinniss temos o exemplo de um jornalista que aparentemente descobriu tarde demais (ou permitiu-se descobrir tarde demais) que o protagonista do seu livro não estava em condições de competir — não servia para uma obra não ficcional, não pertencia àquela maravilhosa raça de autoficcionistas, como o Joe Gould de Joseph Mitchell ou o Perry Smith de Truman Capote, dos quais depende a vida do Novo Jornalismo e do "romance não ficcional". MacDonald era simplesmente um sujeito como todos nós, com nada a oferecer além de uma história tediosa e improvável sobre a própria inocência em um crime horrendo. No curso normal das coisas, é provável que McGinniss tivesse reconhecido logo o caráter comum de MacDonald, abandonando o projeto de escrever sobre ele e retomando a busca pela personagem de proporções maiores que as naturais que é tão crucial para o trabalho de um jornalista quanto é crucial para a arte de um fotógrafo a busca de uma imagem rara. Mas, por diversos motivos, McGinniss preferiu não enxergar o que estava diante dos seus olhos. Um dos motivos, podemos presumir, foi a sua velha fraqueza por estar "por dentro"; a oferta de ser informado confidencialmente sobre conversações que nenhum estranho poderia ouvir, de ter um "acesso" a MacDonald que seria negado aos demais, foi sem dúvida irresistível para ele. Outro foi a pressão do desejo de MacDonald de que escrevessem sobre ele. Assim como a leitura da transcrição das fitas gravadas por MacDonald na prisão mostrou-me os problemas enfrentados por McGinniss para tentar fazer um Raskolnikov de um Jeffrey MacDonald, as minhas relações com o próprio MacDonald permitiram que eu sentisse algo da sedução do homem e entendesse que McGinniss tivesse sucumbido a ela. Quando McGinniss deu-se conta que MacDonald não funcionaria como personagem — e um dos *leitmotivs* das cartas que McGinniss escreveu a MacDonald na prisão é a constante tentativa do primeiro de fazer com que o segundo fosse interessante, a ponto de tentar agitá-lo revelando-lhe indiscrições sexuais próprias (que Bostwick deleitou-se em ler em voz alta no tribunal) — ele já estava envolvido demais no processo mediante o qual um texto é transformado em mercadoria, e muito envolvido em dívidas pessoais. (Os seus problemas de dinheiro — a sua necessidade de uma hipoteca e de um sistema de aquecimento novo e assim por diante — são outro *leitmotiv* da correspondência.)

A solução encontrada por McGinniss para lidar com a falta de característica de MacDonald foi insatisfatória, mas tinha que servir. No julgamento pelo crime, a promotoria argumentou que não cabia a ela demonstrar que MacDonald era o tipo de pessoa capaz de ter cometido os crimes — tinha apenas que demonstrar que ele os tinha de fato cometido — mas aquilo era precisamente o que McGinniss, enquanto romancista de não ficção, *tinha* que demonstrar. O meio que adotou foi citar longos trechos das descrições feitas por Kernberg e por Lasch das suas vívidas personagens, os narcisistas patológicos, com a evidente intenção de transferir algo da aura dessas personagens para MacDonald — e de, por extensão, fazer com que a interessante repugnância das personagens de Lasch e Kernberg se tornasse parte da personagem dele. Quando Kernberg, em um trecho citado por McGinniss, fala da "grandiosidade, extremo egocentrismo e notável ausência de interesse e empatia pelos outros" dos narcisistas patológicos, "a despeito do fato de serem tão ansiosos por obter admiração e aprovação", e acrescenta que "eles se acham no direito de controlar e possuir os outros, e de explorá-los sem sentimentos de culpa e, sob uma superfície com frequência encantadora e cativante, sente-se frieza e falta de compaixão", ele poderia estar falando sobre o sinistro Grandcourt de *Daniel Deronda*, ou sobre o Osmond de *Portrait of a lady* [Retrato de uma senhora]. Infelizmente para o projeto de McGinniss, porém, não há nada nas seiscentas páginas precedentes de *Fatal vision* que sugira que Kernberg estava falando sobre Jeffrey MacDonald; nem a citação de Lasch sobre a "raiva sem limites" do narcisista "contra as mulheres", baseada no seu "medo da mãe devoradora da fantasia pré-edipiana", tem conexão com qualquer coisa que McGinniss possa demonstrar ter sido feita por MacDonald.

O psicopata de Hervey Cleckley funcionou um pouco melhor para McGinniss. *The mask of sanity* [A máscara de sanidade], publicado pela primeira vez em 1941, é um livro muito estranho, que começa (para dar uma ideia do espírito da época em que surgiu) com um ataque ao *Finnegans wake* e inclui como exemplo de comportamento antissocial o caso de "um rapaz inteligente e, em alguns aspectos, notável", que foi descoberto fazendo sexo com quatro "trabalhadores imundos" negros em uma cabana de turistas no Sul. Por alguma razão, esse livro singular e um tanto quanto louco continua a exercer um fascínio sobre a imaginação dos psiquiatras americanos; recentemente, em 1976, ele apareceu na sua quinta edição, e ainda é usado como manual em escolas de medicina por todo o país. A tese do livro, enterrada sob montanhas de coisas do tipo citado acima, é que existe uma espécie de malfeitor chamado psicopata, que não parece ser, de maneira alguma, anormal ou diferente das demais pessoas, mas que de fato sofre de "um grave distúrbio psiquiátrico" cujo principal sintoma é a própria aparência de normalidade que obscurece o horror da sua condição. Pois, por trás da "máscara de sanidade" não há um ser humano real, mas o mero simulacro de um. Cleckley escreve:

> Trata-se aqui não de um homem completo, mas de algo que sugere uma máquina de reflexos sutilmente montada, capaz de arremedar com perfeição a personalidade humana. Tal aparato psíquico, que funciona com suavidade, não só reproduz com coerência exemplos de bom raciocínio humano como também se apropria de simulações de emoções humanas normais em resposta a quase todos os variados estímulos da vida. Tão perfeita é essa reprodução de um homem completo e normal que ninguém que o examine pode assinalar, em linguagem científica ou objetiva, por que ela não é real. E contudo sabemos, ou sentimos, que ele sabe que a realidade, no sentido de uma experiência plena e saudável da vida, não está presente.

É claro que o "grave distúrbio psiquiátrico" de Cleckley é o mesmo que afligia o conde Drácula, o monstro de Frankenstein e uma legião de outras maravilhosas criações literárias. A tentativa de resolver o problema do mal e de perpetuar o mito romântico da bondade inata do homem mediante a noção caprichosa de que as pessoas que cometem atos maus carecem do equipamento humano normal — não são seres humanos "reais", mas monstros sem alma — é um conhecido lugar-comum da literatura romântica vitoriana. Que o livro de Cleckley seja até hoje considerado um livro psiquiátrico sério atesta a força dessa fantasia entre os psiquiatras. Para McGinniss, o conceito de psicopata não é tanto uma solução para o seu problema literário de fazer de MacDonald um assassino verossímil quanto uma permissão para que ele se desviasse do problema — do mesmo modo como o próprio conceito se desvia do problema que pretende resolver. Dizer que as pessoas que fazem coisas más não parecem más é dizer uma coisa que todos nós já sabemos: ninguém se vangloria do mau comportamento, todos tentam ocultá-lo, todo vilão veste uma máscara de bondade. O conceito de psicopata é, na verdade, uma admissão de derrota na solução do mistério do mal — é meramente uma recolocação do mistério — e limita-se a proporcionar uma válvula de escape para a frustração sentida por psiquiatras, assistentes sociais e policiais, que se deparam com a sua força todos os dias. Para McGinniss, a tautologia de Cleckley deve ter oferecido também uma saída para o seu dilema moral com relação a MacDonald. Se este apenas parecesse ser uma pessoa como as outras, e fosse na verdade uma "máquina de reflexos sutilmente montada" (vestindo uma máscara? Cleckley nunca chegou de fato a eliminar as peças defeituosas da sua maquinaria imagética), então McGinniss não lhe devia nada e podia traí-lo com impunidade, porque não estaria traindo "MacDonald", mas apenas uma espécie de "coisa" perversa.

Ao voltar da Califórnia para Nova York, liguei para o dr. Stone. No julgamento, ele tentara fundir o Drácula de Cleckley com o Grandcourt de Kernberg no seu diagnóstico de MacDonald, chegando com isso a resultados bem estranhos. Agora, ao telefone, ele disse que apreciava a oportunidade de ampliar o seu depoimento — ele tinha *muitas* coisas a me dizer, declarou — e poucos dias depois eu o visitava em seu consultório, no andar térreo de um prédio de apartamentos no lado oeste do Central Park. O consultório parecia uma sala de visitas vitoriana — ou, talvez, um cenário de uma sala vitoriana — mobiliado com um piano de cauda, cortinas de veludo, tapetes persas, sofás e poltronas de brocado, mesinhas marchetadas, livros com encadernações de couro velho e abajures de luz suave. Stone, um homem alto e desengonçado de cinquenta e poucos anos, com um rosto gentil, suave e rosado e cabelos brancos, fez sinal para que eu me sentasse em um dos sofás de brocado em frente a uma mesinha baixa com tampo de mármore, e sentou-se perto de mim em uma cadeira de balanço.

A ansiedade de Stone em falar comigo fora precedida pela sua ansiedade em depor para a defesa. No julgamento, ao ser interrogado por Bostwick, ele fora obrigado a admitir que, na sua primeira conversa telefônica com Kornstein — antes de examinar as transcrições sobre as quais baseou o seu depoimento —, ele havia praticamente aceitado fazer um depoimento. Em resposta a uma pergunta sobre os seus honorários como testemunha pericial, disse a Bostwick que não os tinha determinado ainda, pois "gastei mais de 1900 horas e acho que parte delas foram devidas a um interesse especial da minha parte", e que "ninguém me pediu para fazer um levantamento comparativo das seiscentas páginas de material. Eu fiz isso como um meio de ordenar as coisas na minha cabeça e acho que por causa disso vou cobrar honorários mais baixos". Agora, no consultório, Stone disse que "havia lido *Fatal vision* anos antes, e era claro que Jeff MacDonald era uma pessoa muito patológica".

"O senhor chegou a essa conclusão lendo o livro?", perguntei.

"Sim, claro. O homem era no mínimo um mentiroso patológico e, como também era um assassino, isso o tornava uma pessoa muito ameaçadora e nociva — uma ameaça ao corpo social e, claramente, uma personalidade muito enferma. No entanto, eu não havia dado muita atenção a isso quando li o livro; era apenas mais um livro interessante. Na época em que me pediram que examinasse o assunto na qualidade de perito em distúrbios de personalidade, eu havia me transformado em um, vamos dizer, assassinologista, como passatempo. Tinha reunido uma grande coleção de psicobiografias de assassinos e estava muito mais familiarizado com os homicidas famosos dos últimos vinte ou trinta anos do que quando lera o livro. O assunto todo tinha se tornado muito intrigante para mim, de modo que fiquei muito entusiasmado com a oportunidade de participar do julgamento. Eles me enviaram uma transcrição das trinta fitas que Jeff MacDonald gravara na prisão — a pseudoautobiografia dele. Era tudo uma fraude."

"Fraude?"

"Bom, a coisa toda não passava de uma trama de hipérboles e de mentiras e enganos descarados. Fiz uma relação dos exemplos de mentira, autoengrandecimento, vanglória etc., página por página, de maneira a estar mais bem preparado no julgamento para citar capítulo e versículo em qualquer coisa que me perguntassem. Trata-se de um notável exercício de mentira. Mesmo sabendo muito bem que não poderia utilizar isso como prova — a lei é adversarial na sua estrutura, e portanto antitética ao método científico — fiz um pequeno experimento, só para ver se estava na pista certa. Depois de ler centenas e centenas de páginas da transcrição, peguei quatro páginas ao acaso e pedi à minha secretária que fizesse doze fotocópias de cada uma, que eu dei para os alunos da minha classe de distúrbios da personalidade, em Cornell. Os estudantes são doutores em psicologia e jovens psiquiatras. A única coisa que eu disse a eles foi: 'Aqui estão quatro páginas de uma gravação que alguém fez sobre a própria vida. Esta é uma lista de diagnósticos padronizados de distúrbios de personalidade do DSM-III [*Diagnostic and statistical manual*]. Por favor, escrevam se as palavras da pessoa transmitem qualquer sinal relativo à presença de um ou vários desses distúrbios'. E todos decidiram que ele era narcisista, e a maioria deles que ele era antissocial — em apenas quatro páginas! E a minha mulher percebeu isso com *uma* página, porque eu havia deixado o material em cima da cama certa noite, e ela olhou para aquilo e disse, 'Meu Deus, quem é este filho da puta narcisista?'. Ha, ha! Assim mesmo! É claro que no julgamento eles me perguntaram, 'Como é que o senhor pode diagnosticar uma pessoa que não examinou?'. Muitas vezes isso não é possível, mas com distúrbios de personalidade trabalha-se às vezes melhor quando não se examina a pessoa, porque a pessoa mente na cara da gente. O conceito de narcisismo patológico de Kernberg não passa de uma confluência de traços narcisistas — empatia pobre, autoengrandecimento e uso explorativo dos outros — e qualidades antissociais como a crueldade, o abuso da boa-fé alheia, magoar os outros e tomar liberdades com as regras pelas quais a sociedade se rege. De maneira que não foi surpreendente que a minha mulher e os doze estudantes pudessem fazer o diagnóstico em um piscar de olhos. Contudo, eu não poderia ter usado o meu experimento como prova, pois se tratava de um testemunho auricular. Isso me incomodou muitíssimo. Ali estava um homem que, de acordo com os melhores padrões científicos, era exatamente o que Joe McGinniss havia dito que ele era, e no entanto eu não podia apresentar aquela prova ao tribunal."

Eu disse a ele que o experimento não me parecia muito à altura dos melhores — ou de quaisquer — padrões científicos, já que não tinha controles.

"Sim", disse Stone. "Eu poderia tê-lo feito desse jeito aleatório, usando diversas pessoas normais — alguém com um distúrbio de personalidade diferente, outro condenado qualquer — juntamente com Jeffrey MacDonald. Mas nada disso teria sido admitido como prova a menos que a outra parte houvesse supervisionado o experimento, e eles nunca concordariam em fazer isso, pois sabem muito bem que por dentro dele é exatamente como o livro diz que ele é."

"Isso é o que o senhor acredita, mas não ficou estabelecido."

"Não. Mas eu desconfio muito que Bostwick sabia que não estava lidando com lorde Fauntleroy."

"O senhor acha que não há nenhuma possibilidade de que MacDonald seja inocente?"

"Não. Na verdade — e isto também foi algo que não pude dizer no tribunal, pois Bostwick, astutamente, consumiu todo o tempo com um monte de perguntas tolas e eu tinha que pegar um avião — os quatro invasores que MacDonald afirmou serem responsáveis pelos assassinatos representam a única verdade, psicologicamente falando, que ele disse. Houve *mesmo* quatro pessoas que invadiram o estilo de vida hedonista e promíscuo de Jeff MacDonald: as quatro pessoas que se intrometeram na sua falta de disposição para ser um pai e um marido responsável, ou seja, Colette, Kristen, Kimberly e o filho que estava para nascer. Três brancos e um negro — o que estava oculto."

Stone continuou dizendo que havia visto MacDonald no tribunal. "Fiquei muito nervoso por estar na presença daquele homem", disse. "Tive a sensação de que os olhos dele podiam fazer furos em um tanque. Que olhar acerado tinha aquele homem hostil! Fiz questão de descobrir quando é que ele sairia sob condicional, e quando fiquei sabendo que seria em um momento em que eu não estarei mais sobre a terra fiquei mais ousado."

"O senhor fala dele como se o conhecesse realmente, como se ele fosse uma pessoa de verdade", disse eu. "Mas ele é de fato uma personagem de um livro. Tudo o que sabemos sobre ele vem do livro de McGinniss."

Stone não disse nada por alguns instantes, e fiquei imaginando se a minha observação não teria sido imprudente. Será que, ao pedir a uma personagem de um texto que fizesse comentários sobre a condição ontológica de uma personagem de outro texto, eu não estaria alertando Stone cedo demais — tal como eu fizera com McGinniss — sobre os perigos de se ser uma personagem? Stone vacilou, mas — feito evidentemente de um material mais resistente que McGinniss — foi com decisão em frente na sua missão de autorrevelação. "Ele não é uma personagem de Dickens", disse finalmente, de modo correto, ainda que irrelevante.

"O senhor não gosta mesmo dele", disse eu.

"Não. É difícil gostar de alguém que mata a esposa a facadas. É preciso ter mais — como posso dizer? — amor pela humanidade do que eu possuo. Sou mais da linha do 'você ganha o que merece e tem que merecer o que ganha'."

Stone havia falado, antes, da cadeia de maus-tratos e de brutalização que liga as gerações de pessoas violentas. Perguntei-lhe se não era possível "que coisas ruins tivessem sido feitas a MacDonald quando ele era criança? Que a infância dele não tivesse sido tão idílica e que ele houvesse reprimido o que havia acontecido?".

"Sim."

"Se o senhor soubesse que as coisas foram assim, seria mais benevolente em relação a ele?"

"Não."

"Por que não?"

"Porque ele é um mentiroso. Porque ele não é homem o bastante para dizer: 'Cometi aqueles assassinatos porque estava sob a influência de anfetaminas. Não sabia o que estava fazendo. Colette estava fazendo um curso de psicologia, era ela que ia vestir as calças na família. Isso era ameaçador para mim; senti-me deixado de lado. Eu estava começando a acariciar demais a menina mais velha, e ela descobriu' — esta é a teoria do padrasto de Colette; foi ele que me contou, durante o julgamento — 'e, em um momento de sentimento arrebatado que arruinou toda a minha vida, eu simplesmente matei todas elas'. Se ele fosse capaz de dizer tudo isso, eu ainda gostaria que ele fosse enclausurado pelo resto da vida, mas pelo menos eu teria algum respeito pelo fato de ele poder ser honesto sobre o que aconteceu. Não há como. Ele não é capaz de fazer isso. Não foi montado para fazer isso."

"O senhor assume uma posição muito dura, o que é incomum para um psicoterapeuta na nossa cultura."

"Infelizmente, isso *é* incomum. Fiquei mal com muitos colegas como resultado disso. Sinto que a profissão tem muito dessa atitude de *'Tout comprendre, tout pardonner'*. E há também a atitude do 'Dá para consertar' — a noção de que, se mandamos um homem para a Lua, podemos endireitar um psicopata. Mas uma pessoa propensa ao assassinato está além do âmbito da psicoterapia. É loucura pensar que uma pessoa assim possa ser corrigida mediante um processo de terapia individual. Trata-se de uma alma perdida."

Assim como o consultório de Stone me havia espantado e mistificado, o escritório sem janelas de Ray Shedlick em uma firma de segurança nos arredores de Durham, na Carolina do Norte, pareceu-me de imediato familiar, com seus lambris de madeira escura, diplomas emoldurados, troféus atléticos e uma espécie pungente de despojamento e de simplicidade — os emblemas do funcionalismo rural americano. Shedlick, investigador aposentado da polícia de Nova York, foi contratado como detetive por MacDonald em 1982. Um homem alto e esguio de 55 anos, de maneiras muito afáveis, vestido com uma camisa de jérsei vermelho e usando óculos escuros, ele foi buscar-me no aeroporto de Durham, em um sábado de inverno em 1988, e levou-me de carro para o prédio de escritórios vazio, a poucos quilômetros de distância, onde ficamos esperando pelo terceiro membro do grupo, um escritor e professor universitário chamado Jeffrey Elliot, que dava aulas na North Carolina Central University, perto dali. Elliot estava preparando um livro sobre o caso MacDonald, e havia comparecido ao julgamento como testemunha de refutação a Buckley e Wambaugh. Em um primeiro momento, Bostwick relutou em chamá-lo — alguém que estava escrevendo um livro sobre MacDonald não parecia ser a escolha mais adequada para depor como perito no relacionamento entre escritores e personagens. Mas MacDonald insistiu muito para que ele fosse chamado, e depois de falar com Elliot por telefone Bostwick mudou de ideia, percebendo que havia descoberto um tesouro. Ele não poderia ter inventado uma testemunha que encarnasse melhor os altos princípios que ele procurava apresentar como alternativa ao desapiedado espírito de conveniência que Buckley e Wambaugh haviam declarado ser o padrão entre os escritores.

"Doutor Elliot", perguntou Bostwick em seu interrogatório (Elliot tem um doutorado em ciências políticas), "o senhor tem alguma opinião sobre e se um escritor que está tentando obter informação de um protagonista vivo sobre o qual ele vai escrever um livro pode dizer a esse protagonista vivo algo que o escritor de fato não acredita ser verdadeiro, de modo a obter outras informações do protagonista?" (A deselegância da sintaxe de Bostwick é devida a uma série de objeções de Kornstein a versões anteriores da pergunta, nas quais foi usada a palavra "mentir"; as objeções foram aceitas, forçando Bostwick a contorcer-se desse modo.)

Elliot respondeu: "A minha opinião é que, embora haja aqueles que o façam, isso é altamente irregular e antiprofissional e, no meu modo de ver, carente de integridade e de princípios. Eu não faço isso. Não faria. E a maioria dos escritores que eu entrevistei, que eu conheço, com os quais trabalho, não enganariam, nem mentiriam, nem diriam falsidades, seja para conseguir um trabalho, seja para, uma vez conseguido o trabalho, manipular os protagonistas de maneira a escrever uma história que pudesse, na opinião deles, render mais dinheiro ou fama. Tal conduta resultaria, com toda probabilidade, especialmente se fosse descoberta, na ruína de reputações, de editores e de casas de edição, e destruiria a credibilidade em termos de conseguir futuros trabalhos e projetos". Continuou dizendo que, "Obviamente, se pretendemos entrevistar figuras nacionais e internacionais famosas, uma atitude de hostilidade ou de beligerância vai com certeza liquidar a entrevista antes que ela comece. Mas isso é muito, muito diferente da expressão direta — verbal ou por escrito — de inverdades que possam levar o entrevistado a acreditar que se tem de fato uma posição quando se tem outra. Isso, acho, é inaceitável".

Quando chegou a sua vez de interrogar a testemunha, Kornstein, tentando mostrar que Elliot, ao trabalhar, não era melhor que Wambaugh ou Buckley, trouxe à baila uma entrevista com Fidel Castro feita por Elliot para a *Playboy* em 1985, e perguntou: "Bem, quando o senhor estava entrevistando Fidel Castro, não disse a ele que era contra a revolução cubana, disse?".

"Não, não disse", respondeu Elliot.

"E o senhor não disse a ele que o considerava um genocida, disse?"

"Não disse."

"Na verdade, o senhor não tentou parecer sensível e compreensivo a respeito do ponto de vista dele?"

"Sensível e compreensivo e disposto a escutar."

"Certo. O senhor não o enfrentou?", perguntou Kornstein, esquecendo-se da primeira regra do interrogatório: fazer apenas perguntas cuja resposta já se conhece.

"Sim, enfrentei", respondeu Elliot. "Há muitos trechos em que eu o enfrento, e se o senhor ler a entrevista na *Playboy* poderá ver isso."

Kornstein disse, "Isso fazia parte do seu processo de ser sensível e compreensivo?".

Elliot, vendo nisso uma oportunidade, respondeu com fervor: "Há momentos em que uma pergunta específica tem que ser feita e, confortável ou não, a verdade exige que você a faça".

Poucas semanas antes de viajar para Durham, eu havia falado por telefone com Elliot. No julgamento, ao ser questionado por Bostwick, ele tinha se identificado como um "eminente consultor em relações internacionais" de Mervyn Dymally, um congressista negro da Califórnia. Ele havia citado a política negra, os direitos civis e as liberdades civis entre os cursos que dava na North Carolina Central, e a Associação para o Estudo da Vida e da História Afro-Americana entre as organizações profissionais às quais pertencia, e diversos homens e mulheres negras — Alex Haley, Shirley Chisholm e Julian Bond — entre as pessoas que tinha entrevistado, de modo que eu havia presumido que ele fosse negro. Pelo telefone, porém, eu fiquei sabendo que Elliot era branco e judeu. Ele havia ingressado no terreno dos estudos negros por acaso. Um dos seus primeiros empregos como professor foi na University of Alaska, que o contratou para ensinar história; quando chegou lá, disseram-lhe que ele iria dar um curso de estudos negros. "Eu não tinha nenhuma preparação formal em estudos negros e percebi logo que o objetivo da faculdade e da administração era acabar com o programa de estudos negros", contou-me ele. "Quando a intenção deles ficou clara para mim, resolvi que daria o curso mesmo assim, e aprenderia à medida que fosse ensinando. E quanto mais eu ensinava e estudava, mais ficava interessado. Ficou claro para mim que havia uma falta de livros na área, e já que os negros não os escreviam, eu o faria. E quando eu falava com os editores eles me diziam, 'Bom, a ideia é boa, mas você deveria saber que, um, os negros não compram livros e não os leem e, dois, não existe mercado para temas relacionados aos negros'. Eu considerava isso racista."

Quando chegou ao escritório de Shedlick, Elliot revelou ser um homem baixo, rotundo, com cabelos grisalhos encaracolados que estavam ficando ralos, moreno e de óculos grossos; aparentava mais idade que a que realmente tinha, quarenta anos. Embora a nossa conversa telefônica tivesse me preparado para a sua seriedade e severidade, não me tinha preparado para a austeridade dele. É raro estar-se em presença de alguém com tanta má vontade para consigo mesmo quanto Eliott; os gestos comuns de cortesia que estendemos automaticamente aos outros e esperamos do mesmo modo que os outros nos estendam não faziam parte do repertório de Elliot. Ele permaneceu fechado em si mesmo, sem dar trégua, e recusando todas as tentativas de criar um ambiente amistoso e brincalhão. Shedlick e Elliot conheciam-se bem; a pesquisa de Elliot para o seu livro sobre MacDonald o tinha posto em contato com Shedlick, e Shedlick havia dito dele que "o doutor Elliot não é alguém que possa ser intimidado. Ele é muito hábil, muito inquisitivo e muito concreto. Não se pode jogar areia nos olhos dele. Nós nos demos bem na mesma hora". Depois que Elliot chegou, Shedlick falou muito pouco, e ficou ouvindo Elliot com o ar desinteressadamente satisfeito de um professor de música que está escutando o seu aluno favorito executar com perfeição uma composição difícil.

Perguntei a Elliot por que ele havia começado a escrever um livro sobre MacDonald. Ele disse, "Depois de ver uma versão feita para a televisão de *Fatal vision*, tive uma intuição de que algo estava errado, e assim que o filme acabou fui até o meu estúdio e escrevi para o doutor MacDonald, solicitando uma entrevista. Duas semanas depois, recebi uma carta dele, dizendo que havia recebido inúmeras solicitações de entrevistas e que decidira conceder apenas uma grande, e que depois de examinar o meu currículo e os recortes e livros que eu mandara, havia decidido concedê-la a mim. Eu então contatei a *Playboy*, e eles acabaram aprovando o projeto. [A entrevista de Elliot com MacDonald saiu no número de abril de 1986.] Passei meses preparando-me para a entrevista e depois passei cerca de 25 horas com ele na prisão".

"O senhor acredita que ele é inocente?"

"A minha posição é que, no mínimo, ele merece um novo julgamento", disse Elliot. "Eu nunca diria que acredito que ele é inocente além de qualquer dúvida. Mas eu diria que grande parte das provas que surgiram depois do julgamento e que grande parte das provas que foram suprimidas na época do julgamento lançariam uma luz bastante diferente sobre o caso de MacDonald se fossem apresentadas em um tribunal, e que com toda probabilidade um júri imparcial chegaria a uma conclusão bem diferente. Não tenho a menor dúvida de que a história dele é verossímil — muito além da dúvida razoável. Se tivesse que escolher acreditar na posição da promotoria, que considero muito defeituosa, ou na dele, que continua não respondendo certas questões, acreditaria na dele. Eu com certeza não o mandaria para a prisão com base no caso montado pela promotoria."

"Preferimos sempre que a pessoa com quem estamos tratando regularmente — tal como você está tratando com MacDonald — seja inocente. De outro modo, fica-se em uma posição muito desconfortável."

"É isso mesmo. E quando surgiu a ideia de que eu escrevesse um livro contando a história de MacDonald, não foi um projeto ao qual me atirei com grande entusiasmo. Antes de fazer isso, eu tive que ser persuadido de que *havia* outro lado, e de que esse lado poderia ser tornado verossímil. Não ia fazer papel de bobo proclamando a inocência de MacDonald se ela não pudesse ser demonstrada. Você conhece as histórias de Norman Mailer e daqueles escritores do Leste, intercedendo a favor de vários indivíduos que estão na cadeia. Não queria ser este tipo de escritor. Tive que ser persuadido. E posso garantir que uma das coisas que mais contribuíram para me persuadir foi o pacote de fotocópias das cartas de Joe McGinniss que MacDonald me enviou. Aquelas cartas, mais que qualquer outra coisa, me convenceram de que havia outro lado nessa história. Elas eram tão calculadas, tão enganosas e manipulativas — e simplesmente tão mentirosas, em termos daquilo que McGinniss sentia na realidade, comparado ao que ele escrevia — que eu fui forçado a pensar se McGinniss não teria, talvez, deixado de dizer a verdade no seu livro. Aquelas cartas foram muito perturbadoras. Eu sempre admirei Joe McGinniss. Eu havia usado o livro dele, *The selling of the president*, nas minhas aulas, e era ultrajante ler aquelas cartas que garantiam a MacDonald — até o momento da publicação — que o livro o eximiria. No mínimo, elas davam mostras de uma espantosa falta de ética da parte de Joe McGinniss. Não acredito na ética situacional e certamente não acredito que os jornalistas devam mentir e deturpar para obter a colaboração de alguém. Acho também que essa duplicidade lança sérias dúvidas sobre o que está escrito. Para mim, se a liberdade de imprensa depende do direito a mentir, então é uma liberdade que não deveria ser protegida. Dizer à mãe de MacDonald por telefone, 'Não descansarei enquanto o seu filho não for inocentado', e depois ir escrever um livro como aquele — tem alguma coisa nisso que cheira muito mal."

Perguntei a Elliot se ele achava que a sua relação com MacDonald era diferente da sua relação com outras personagens.

"Não exatamente", respondeu ele. "Considero este projeto importante, mas não tenho uma relação interpessoal profunda com ele. Acho que é uma história que merece ser contada e que pode ter consequências consideráveis. Mas não estou encantado com o doutor MacDonald como pessoa. Não sou motivado por uma simpatia pessoal por ele. Ele com certeza não me seduziu. Vê-se que não temos o tipo de relacionamento que ele e McGinniss tinham. É claro, eu não o conheci antes que ele fosse para a prisão, mas em circunstância alguma nós teríamos corrido juntos na praia. Sou muito diferente de Joe McGinniss, em temperamento e personalidade. Desconfio que havia mais coisas em comum entre eles dois do que entre nós dois."

"Como é que o senhor caracterizaria essa diferença? Em que é que o senhor é diferente de McGinniss?"

"Considero McGinniss como parte dos *literati* do Leste, como alguém que adora a fama, é adepto de citar nomes famosos em suas conversas, aprecia andar com os ricos e os influentes, e gosta de festas e de atividades de lazer ligeiras. Considero a mim mesmo como um acadêmico discreto, um escritor sério que escreve coisas sérias. MacDonald e McGinniss são machos mais tradicionais que eu. Eles são apaixonadamente interessados por esportes. Eu me interesso mais por questões sérias, questões de interesse público."

Elliot falou-me a respeito da sua formação: "Cresci em Los Angeles, em uma típica família de judeus vindos da Europa do Leste. Meu pai não era de passar férias em lugares caros, nem acreditava em ostentação. Acreditava na ética do trabalho. Ele nos ensinou a ética do trabalho e a importância de se economizar o próprio dinheiro, e não gastá-lo de maneira frívola. Formávamos o tipo de família em que, se no jantar eu dissesse que tinha visto um inseto lá fora, o meu pai ou a minha mãe — geralmente o meu pai — diria 'Você se interessa por insetos? Quer saber mais a respeito?', e se eu respondesse que sim, no sábado seguinte estaríamos no Museu de História Natural.

"Éramos muito políticos. Trabalhávamos em campanhas políticas, conversávamos de política no jantar e nos envolvíamos em causas que nos parecessem ser dignas do investimento das nossas energias. Minha mãe e meu pai enfatizavam a importância do engajamento social e de se corrigir o que estava errado — todos os chavões sobre os quais os outros falam pomposamente, mas deixam de lado quando se trata de empenhar algum esforço. De modo que, quando vi o erro da guerra do Vietnã, tal como a minha mãe e o meu pai, era natural que eu passasse da atitude de simplesmente falar a respeito para a de escrever sobre ela e participar de passeatas contra ela. O mesmo acontece com o racismo, o sexismo *et cetera*. Estou agora ensinando em uma universidade predominantemente negra. Tive ofertas para ensinar em instituições de prestígio. Mas sinto que é importante usar os talentos que eu possa ter para construir certos tipos de pontes. Tento ser o tipo de pessoa que demonstra — mais por ações que por palavras — que nem todos os brancos são a mesma coisa. Foi isso o que escolhi fazer, em vez de sentir necessidade de ensinar em Harvard ou em Yale, ou outros lugares onde não precisam particularmente de mim, e para onde há montes de professores que estão mais que dispostos a ir."

Começando a sentir a respeito dessa figura exemplar o mesmo que Kornstein deve ter sentido, não pude resistir a fazer-lhe uma pergunta desagradável: "O senhor recebeu alguma oferta de Harvard ou de Yale?".

"Nunca me inscrevi", respondeu Elliot, e acrescentou, "É rotina eu receber ofertas de várias escolas."

Fiz outra pergunta importante: "O senhor falou sobre o estilo de vida decadente dos *literati* da Costa Leste e das atividades a que se dedicam em seu tempo livre. O que o senhor faz com o seu tempo livre?".

"O que eu faço, o que me dá mais prazer, é evidentemente o meu trabalho. Se eu ganhasse uma viagem para o Havaí — sete dias descansando na praia — seria um castigo. Não faz muito tempo, fui convidado a uma festa na casa do homem mais rico do mundo, Adnan Kashoggi, que havia acabado de comprar a sua 57ª casa na Califórnia. Naquela época eu estava fazendo um livro sobre um guru indiano — guru dos astros e de Kashoggi. Disseram-me que Elizabeth Taylor estaria lá, e Cary Grant e Michael York. Fui para lá de avião e fiquei rodeado de multimilionários e, em alguns casos, de multibilionários. Foi uma experiência interessante, mas não muito. A maioria das pessoas com quem falei eram um pouco vazias. Falavam das suas últimas compras ou dos seus restaurantes favoritos ou dos seus iates ou dos seus negócios mais recentes. Não se trata do tipo de coisa que me motiva. Não me identifico com essas pessoas e fico indignado com a decadência que elas representam, sabendo que um terço do país vive na pobreza e que as crianças estão morrendo na Etiópia. Sinto-me mais identificado com pessoas da classe trabalhadora, que lutam para chegar ao fim do mês, que são boas com a própria família e trabalham duro para mudar o que tem que ser mudado.

"MacDonald não é um modelo para mim. Não pretendo viver de acordo com os valores que ele defende. Mas se eu gosto ou não dele é irrelevante em termos dos motivos pelos quais eu persisto no caso. Este tem implicações que estão muito além dele. Se de fato o governo pode mentir e mandar um homem inocente para a prisão, ele então pode fazer a mesma coisa com pessoas que são menos poderosas, menos influentes e menos ricas que o doutor MacDonald."

Elliot prosseguiu dizendo que a demonstração de soberba impudente que ele — tal como McGinniss e outros — considerava responsável pela queda de MacDonald fora a aparição deste no programa de televisão de Dick Cavett no outono de 1970, logo depois de ter sido inocentado pelo Exército. No programa, ele atacou a Divisão de Investigações Criminais do Exército, pela investigação malfeita e por terem-no acusado do crime. (McGinniss, que viu uma gravação do programa, disse-me que ficou estarrecido com o desempenho de MacDonald: "O cara está ali sentado, rindo, fazendo piadas em uma rede nacional de televisão com Dick Cavett. Falando sobre o assassinato da esposa e das filhas — usando isso como um veículo para a celebridade. Isso me incomodou desde o início. Por que ele não só não hesitou em falar sobre isso, como ainda por cima estava desesperado para capitalizar a tragédia e usá-la como um trampolim para a fama?".) Elliot afirmou que "Quando ele apareceu no programa de Cavett, e deu nome aos bois e disse o quão incompetentes, estúpidos e trapalhões eram os membros do Exército, ele os animou a se mexer, a reabrir o caso. Foi esse programa que levou o Exército a dizer, 'Quer dizer então que ele, depois que nós o inocentamos, cai em cima da gente?'. MacDonald foi o pior inimigo de si mesmo naquele programa. Foi o pior inimigo de si mesmo ao contratar Joe McGinniss, foi o pior inimigo de si mesmo ao não insistir em ver o rascunho do livro, foi o pior inimigo de si mesmo ao fazer de McGinniss parte da sua equipe de defesa e ao dar-lhe tudo, apenas esperando, com base em uma fé cega e nas cartas de McGinniss, que este fizesse a coisa certa".

"McGinniss interpreta isso não como ingenuidade, mas como uma espécie de arrogância", disse eu. "Ele vê a coisa como parte da patologia do narcisismo."

"A explicação mais simples é que esse sujeito não tinha nenhuma experiência com escritores", disse Elliot. "Ele queria desesperadamente que a sua história fosse contada, e lá estava aquele jovem jornalista, um tanto arrojado, um tanto — não para *mim* — carismático, além de famoso, indo até ele. Não há dúvida alguma de que ele ficou preso no glamour da imprensa e da televisão, e que aproveitou a oportunidade para ir ao programa de Dick Cavett e bater em quem tinha batido nele. Mas ele era tão pouco civilizado, tão pouco sofisticado, que nunca lhe ocorreu que as pessoas que estivessem assistindo ao programa diriam: 'Ele não parece estar muito devastado, para alguém que acabou de perder a esposa e as filhas — ele só está falando do que aconteceu com *ele*'. Isso fez com que as pessoas achassem que ele era frio e egocêntrico."

"Que ele estivesse sequer interessado em aparecer no programa de Cavett e que não parecesse estar perturbado pela perda da família — isso faz com que a gente pare e pense", disse eu.

"Não podemos concluir que ele cometeu um assassinato só porque não é muito simpático. As pessoas querem que ele seja perfeito e procuram nele qualidades que acham que ele devia ter. Pode ser que ele não possua a ternura, a sensibilidade, o discernimento e o calor que gostaríamos que tivesse. Mas isso não quer dizer que ele assassinou três pessoas."

Algumas semanas depois, em um dia nublado, fui de carro até Long Island para ver Bob Keeler no seu escritório na *Newsday*. Keeler é um homem de fala rápida, com quarenta e poucos anos, cabelos ligeiramente ralos e uma silhueta ligeiramente arredondada, e um ar estimulante de integridade e despretensão. Disse-me que havia feito a cobertura do caso MacDonald para a

Newsday desde 1973 e que, mais ou menos um ano antes do julgamento criminal, havia decidido escrever um livro sobre o caso — "uma espécie de livro equilibrado, que não tratasse exclusivamente com um ou outro lado, mas um livro de jornalista, um livro imparcial". Quando o julgamento começou, Keeler já havia apresentado um esboço e alguns capítulos de amostra à editora Doubleday, que adiou a assinatura de um contrato para depois do julgamento. Infelizmente para Keeler, quando McGinniss entrou em cena, a editora com a qual ele assinou um contrato foi a Dell, subsidiária da Doubleday, e isso acabou com as chances dele.

"Nisso você deu azar", disse eu. "Se McGinniss não tivesse aparecido..."

"Não, outra coisa qualquer teria acontecido", interrompeu-me Keeler. "Quando se trata de dinheiro, eu tenho um azar danado. Não sou rico. Tenho o meu salário, e dá para viver, e tenho uma boa casa. Mas sou do tipo de pessoa que nunca vai ficar rica. Mesmo assim, resolvi ir em frente e escrever o livro, e tentar encontrar outro editor. Na época, eu achava que Joe ia escrever um livro sobre Jeff, o Inocente Torturado, e achei que esse não deveria ser o único livro sobre o caso, porque não achava que Jeffrey fosse inocente. Mas, à medida que o tempo foi passando, eu me dei conta de que o meu livro não seria publicado — que todo aquele esforço, as dezenas e dezenas de horas que eu havia investido no projeto haviam sido em vão. E quando fiquei sabendo que McGinniss também não achava que MacDonald era inocente, comecei a passar para o Joe o material que eu tinha juntado em Long Island. Queria ajudar da maneira que pudesse, para que — suponho que egoisticamente — eu pudesse ter um certo sentimento de participação no livro, mesmo que não fosse meu."

"Isso foi muito generoso da sua parte."

"Bom, naquela altura eu já não tinha mais nada a perder. Tinha toda aquela informação que eu havia juntado com um propósito que não existia mais. De modo que, o que é que eu ia fazer? Deixar que a coisa morresse em uma gaveta qualquer? Se aquele sujeito estava escrevendo um livro que ia dizer a verdade, e eu podia ajudá-lo de algum modo, mesmo que não fosse importante, não havia nada de mais nisso. Então houve um momento em que MacDonald, ou um dos prepostos de MacDonald, mandou-me um monte de cartas de McGinniss para ele. Foi aí que eu comecei a ficar um pouco chateado com o Joe. Você viu o que ele disse nas cartas: 'Não fale com o Keeler'. Achei que isso foi demais. Foi como um time de futebol da primeira divisão dando uma surra num time de várzea. Não existia a menor possibilidade de que eu conseguisse publicar o meu livro. Havia mais uma coisa naquelas cartas, também — toda aquela pieguice do gênero 'Oh, como é terrível você estar ausente; é uma injustiça tão grande'. Acho que McGinniss foi muito além do que a maioria dos jornalistas teria ido para não dizer a Jeffrey a verdade sobre os próprios sentimentos. Poderíamos ter toda uma discussão filosófica a esse respeito. McGinniss poderia dizer-me, 'Você nunca disse a Jeff o que você sentia, tampouco'. Isso é verdade, eu nunca disse. De fato, uma das coisas dessa cobertura sobre as quais eu me sinto bem é que eu a estive fazendo por dez anos e não acho que Jeffrey MacDonald percebeu jamais que eu o considerava culpado desde o primeiro dia que comecei a escrever sobre o caso. Para mim, isso quer dizer que eu estava escrevendo de modo imparcial e justo. Ele nunca me perguntou o que eu achava, e eu nunca disse a ele o que eu achava, porque, na minha opinião, é assim que um jornalista deve se comportar. Não se deve sair por aí anunciando os próprios sentimentos. Isso é jornalismo diário. Ora, Joe estava em uma situação diferente com MacDonald: além de serem fonte-e-repórter, eles eram sócios. De modo que se pode perguntar, filosoficamente, 'Será que isso muda as obrigações de Joe para com Jeff, em termos de verdade?'. Eu não sei. Pessoalmente, não acho que Joe devesse ter enganado Jeff."

Enquanto Keeler falava, eu não podia deixar de refletir sobre a minha própria situação. Do mesmo modo que a relação de McGinniss com MacDonald havia sido diferente do relacionamento habitual entre jornalistas e personagens, por ter um componente de partilha de lucros, a minha relação com McGinniss era atípica, em virtude da brecha que se tinha aberto entre nós logo no início do relacionamento. Mas em todos os demais aspectos — nos aspectos mais fundamentais — o empreendimento de McGinniss com MacDonald e o meu empreendimento com McGinniss eram iguais a todas as outras associações problemáticas entre escritores e personagens que estão na origem das longas obras não ficcionais e de alguns processos. Em ambos os casos, um escritor tinha se recusado a aceitar o ponto de vista da personagem, adotando, em vez disso, o ponto de vista dos adversários da personagem; assim como McGinniss havia passado a enxergar MacDonald com os olhos da promotoria, eu também, ao prosseguir com as minhas pesquisas, havia passado a olhar para McGinniss com os olhos de Bostwick e da equipe dele. Eu tinha mais sorte que McGinniss, precisamente devido à sua recusa em falar comigo: ao banir-me, ele tinha me eximido da culpa que de outro modo eu teria sentido. Não se pode trair alguém que mal se conhece; pode-se apenas irritá-lo e enraivecê-lo, e fazer com que ele deseje nunca ter-se feito conhecer. No entanto, em outro aspecto — mais literário que pessoal —, eu tinha tão pouca sorte quanto McGinniss. Tal como ele, eu havia sido premiada com uma personagem pela qual eu não tinha a menor afeição e da qual, consequentemente, seria difícil extrair uma personagem literária. Já observei que MacDonald não era um dos "naturais" da não ficção que, como Perry Smith e Joe Gould, fazem grande parte do trabalho do escritor para ele, mediante a sua própria e especial autoinvenção. Mas omiti um elemento crucial da transformação da vida em literatura que os mestres do gênero não ficcional conseguem fazer. Trata-se da identificação com a personagem e da afeição por ela da parte do escritor, sem o que a transformação não pode ocorrer. Os Joe Goulds e Perry Smiths da vida tendem a ser chatos prolixos e malucos patéticos; só na literatura, depois de incorporados pelo escritor, eles realizam a ambição de serem as figuras de fantástico interesse para as quais na realidade eles apenas acenam grotescamente. MacDonald não tinha esse tipo de ambição. Ele insistia, e continua insistindo, na sua própria mediocridade: "Sou apenas um sujeito simpático apanhado em um pesadelo legal, lutando pela própria inocência". Caso houvesse acreditado nele, e o tivesse descrito como inocente, McGinniss teria criado uma personagem mais convincente, mesmo que ainda não fosse muito interessante, em vez daquela incoerência de um assassino sem maldade com a qual ele teve que se contentar. Do mesmo modo, se eu acreditasse no lado de McGinniss no processo e pudesse escrever sobre ele como a vítima de um ato perverso de vingança por parte de uma personagem desiludida, também teria criado uma personagem melhor. Assim como o MacDonald de McGinniss, o meu McGinniss não ajuda muito.

"Você sentiu-se mal por ter que desistir do livro?", perguntei a Keeler.

"Fiquei desapontado. Era a primeira vez na minha vida que eu tinha o tema para fazer um livro — sentia-me competente, conhecia o tema até pelo avesso. Honestamente, não sei se o meu livro teria vendido tão bem quanto o de Joe. O meu teria sido, provavelmente, mais equilibrado, mais jornalístico, sem necessidade de chegar a uma conclusão, embora fosse provável que eu tivesse que fazer isso no final. Não há como escapar disso."

"Você tem alguma teoria sobre o motivo?"

"Não acho que tenha havido apenas um, mas fica claro, com base em tudo o que Jeffrey disse, em tudo o que eu sei e em tudo o que Joe sabe, que o pênis de Jeffrey deveria ir para um museu depois que ele morrer. Quer dizer, esse homem era extremamente ativo do ponto de vista sexual, extremamente promíscuo, e não está claro se Colette ficou sabendo disso ou não." Keeler prosseguiu criticando McGinniss por não ter investigado mais profundamente o passado de MacDonald em Long Island, onde, segundo Keeler, estava a chave da personalidade do homem, madura e esperando para ser apanhada. "Ele deveria ter passado meses aqui, falando com as pessoas", disse Keeler. "Não tive oportunidade de fazer uma investigação desse tipo. Na época, eu estava trabalhando dezoito horas por dia na chefia da sucursal da *Newsday* em Albany e só conseguia trabalhar no livro nos fins de semana. De fato, para dizer a verdade, não entendo o que foi que Joe fez com os quatro anos que ele passou escrevendo o livro. Se você vai ser repórter, tem que praticar o ofício. Tem que sair e falar com as pessoas. Tem que seguir a pista das coisas. Tem que falar com dezenas e dezenas de pessoas." Ficou em silêncio por alguns instantes, e depois disse, "Não quero que pareça que eu estou falando só de uvas verdes — que estou dizendo todas essas coisas terríveis sobre o Joe como jornalista, e sobre as escolhas morais dele, só porque ele conseguiu escrever o livro dele e eu não. O fato é que eu fiquei meio tonto com a coisa toda. É típico da minha sorte. Essa era a minha chance de fazer algum dinheiro e não fiquei muito surpreso quando não deu certo; de certo modo eu sentia nos ossos que não ia dar certo".

Quando chegou a hora de nos despedir, Keeler, com o seu desejo irreprimível de ser prestativo, deu-me um grande livro azul de folhas soltas com as transcrições das entrevistas que ele fizera com MacDonald, McGinniss e outros, para o artigo "Condenado e escritor", que saiu na *Newsday Magazine* de 11 de setembro de 1983. As transcrições estavam metodicamente ordenadas e etiquetadas segundo o tema ("Origens de Jeff", "Relato de Joe", "Julgamento de Joe") e eram precedidas por listas de perguntas que Keeler planejava fazer e de um esboço do texto. Quando cheguei em casa, folheei o livro e deixei-o de lado. Não tinha pedido por ele, e sentia que havia alguma coisa de quase ilícito em estar de posse dele. Ler as entrevistas de Keeler seria como ficar bisbilhotando em conversa alheia, e usar qualquer coisa delas seria como estar roubando. Acima de tudo — algo que ia muito mais fundo do que qualquer preocupação com bisbilhotices ou roubos — estava a afronta ao meu orgulho. Afinal de contas, uma entrevista é tão boa quanto o jornalista que a conduz, e eu achava — falando francamente — que Keeler, com as suas perguntas preparadas e as suas maneiras diretas de repórter de notícias, não conseguiria dos seus entrevistados o tipo de resposta autêntica que tento extrair dos meus com uma técnica mais japonesa. Quando por fim li as transcrições dele, porém, tive uma surpresa e uma iluminação. MacDonald e McGinniss haviam dito a Keeler, com toda a sua falta de sutileza, exatamente as mesmas coisas que tinham dito a mim. Não fizera a menor diferença que Keeler tivesse lido uma lista de perguntas preparadas e eu tivesse agido como se estivesse fazendo hora. Com o livro azul de Keeler eu aprendi sobre as personagens a mesma verdade que os analistas aprendem sobre os pacientes: eles contam a história deles para qualquer um que se disponha a escutar, e a história não é afetada pelo comportamento ou pela personalidade de quem escuta; assim como os analistas ("bons o bastante") são intercambiáveis, os jornalistas também são. O meu McGinniss e o de Keeler eram a mesma pessoa, assim como o meu MacDonald e o MacDonald de Keeler, e o de McGinniss. A personagem, tal como o paciente, domina a relação e dá os lances. O jornalista não pode criar as suas personagens, nem o analista pode criar os seus pacientes. Pouco tempo depois do acordo que encerrou o processo contra McGinniss, MacDonald fez circular uma mensagem jubilosa entre os seus seguidores, por meio do *MacDonald defense update* [Boletim da defesa de MacDonald], uma publicação irregular produzida por uma voluntária que serve de "ligação" entre o mundo exterior e MacDonald, Gail Boyce, na qual ele dava mostras da mesma qualidade — uma espécie de falsidade reflexiva e infatigável — que ele mais procurava repudiar na caracterização feita por McGinniss. A mensagem dizia, em parte:

O julgamento provou, a todos os observadores imparciais, que *Fatal vision* é um livro de ficção fazendo-se passar por não ficção. [...] Visto que provamos as suas mentiras, e já que agora temos a verdade nas transcrições das atas de um Tribunal Federal, e como ele estava desesperado o bastante para concordar em oferecer a quantia que acabou sendo aceita, senti que era adequado aceitar esta vitória e seguir em frente. [...]

Na verdade, trabalhar de maneira tão intensa em meio e em redor das sórdidas mentiras do livro de McGinniss e ouvir as suas patéticas tentativas de justificar as suas ações mediante a convocação de testemunhas altamente bem pagas para fazerem declarações ultrajantes é simplesmente uma experiência medonha. Não só eu senti que, do ponto de vista pessoal, era melhor passar a projetos mais positivos e significativos, como também a minha família, *todos* os advogados envolvidos na defesa e a nossa excelente equipe de defesa, *todo mundo* concorda que este era um momento oportuno para voltar à investigação criminal propriamente dita, e às medidas que estamos tomando para que, um dia, sejam reconhecidos os meus direitos.

Nas minhas conversas e na minha correspondência com MacDonald, vislumbrei algumas das facetas mais cativantes da sua personalidade — por exemplo, o seu estoicismo frente às severas condições do seu confinamento solitário — e passei a fazer concessões para a insipidez da sua fala e dos seus escritos, do mesmo modo que fazemos concessões para as dificuldades alheias. Mas o MacDonald de *Fatal vision* também estava presente. McGinniss o traiu e o destruiu, e é possível que o tenha julgado mal, mas não o inventou.

Quando entrei no escritório de Daniel Kornstein em Manhattan, uma semana depois do acordo, ele disse, "A senhora não recebeu o meu recado? Eu telefonei para cancelar este encontro". Lancei-lhe um olhar de inocência. Dois dias antes, ele concordara em me ver e quase imediatamente arrependeu-se, deixando um recado na minha secretária eletrônica, cancelando o encontro. Inspirada pelo sermão de Keeler sobre a necessidade de que os repórteres reportem, decidi ignorar o recado e apareci no escritório de Kornstein na hora marcada. Aborrecido, ele aceitou a minha presença e declarou de imediato: "McGinniss e eu não vamos falar sobre o caso ou cooperar sobre ele". Era um homem de aparência magoada e juvenil, baixo e de cabelos escuros.

"O senhor mandou-me aquela carta", disse eu.

"Quando escrevemos a carta, queríamos alertar a mídia e fazer com que as pessoas ficassem sabendo da nova doutrina que estava sendo advogada", respondeu Kornstein. "No que nos diz respeito, o caso está encerrado. Tudo o que queremos dizer está na transcrição. Particularmente no interrogatório de MacDonald e no meu sumário. Estes foram os momentos mais importantes do julgamento. Achamos que o registro público fala por si mesmo. Julgo os meus casos no tribunal."

"Então por que o senhor fez circular aquela carta?"

Kornstein fez um gesto de desamparo. "Sinto muito. Não posso responder." Depois disse, "O juiz do caso não viu as implicações da Primeira Emenda nesse caso — foi cego a elas. É um juiz federal novo, nomeado em 1984. Ele havia sido juiz estadual por dezesseis anos. No passado ele jogou beisebol profissional — um time de Chicago esteve interessado nele".

Fiz uma pergunta sobre o julgamento, e Kornstein mais uma vez disse, "Sinto. Não posso responder". E acrescentou: "Estamos tentando deixar esse caso para trás".

"O senhor prefere que eu não escreva sobre ele?"

"Não seria eu a dizer que prefiro que algo não seja escrito", respondeu ele, piamente.

Perguntei-lhe se a oferta de me deixar ler documentos no escritório dele — feita antes que McGinniss rompesse relações comigo — ainda estava de pé. "É uma questão de conveniência para mim", expliquei. "O seu escritório está a poucas quadras de onde moro, o de Bostwick está a 5 mil quilômetros de distância."

Kornstein disse que pensaria no assunto e que entraria em contato comigo. De repente, ele perguntou: "A senhora sabe alguma coisa a meu respeito?".

Olhei para ele com interesse e pensei: "Agora tudo será explicado. Este vai ser um daqueles momentos de revelação, quando o mendigo faz saber que é o príncipe".

"Eu sou o advogado de Vanessa Redgrave", disse Kornstein. "Eu a representei na sua ação contra a Boston Symphony."

Estava na hora de ir embora. "O senhor entra em contato comigo se eu puder ler aqueles documentos aqui?", perguntei. "Vou deixar-lhe o meu número de telefone."

"Não, não, eu já o tenho", respondeu ele, revirando os papéis em sua mesa. "Tenho dúzias de pedacinhos de papel com o seu número. Sei o seu número de cor" — e então, amarga e comicamente, ele o recitou. Presenteou-me com dois livros escritos por ele (*Thinking under fire: great court-room lawyers and their impact on american history* [Pensando sob fogo: grandes advogados criminais e o seu impacto na história americana] e *The music of the laws* [A música das leis]) e, polido, escoltou-me até a porta. Nunca mais voltei a falar com ele.

"Você perguntou a Bostwick se ele assumiu o caso com honorários condicionais?", perguntou-me Wambaugh quando telefonei para ele na sua casa em San Marino. "Pode ter certeza que foi isso mesmo que ele fez." Antes que eu pudesse dizer que ele estava enganado, ele continuou: "Pode apostar a sua conta bancária nisso. Se não fosse assim, a coisa não teria ido tão longe quanto foi. Eu mesmo já fui processado tantas vezes que não interessa se é o senhor Bostwick ou qualquer outro; é sempre o mesmo. Pode-se falar com todos os advogados da cidade e fazer a isenção legal mais constringente, estanque e sólida do mundo, e a pessoa que vai ser o tema do texto pode assiná-la, e mesmo assim pode-se acabar no tribunal, porque qualquer advogado imaginativo e de recursos pode inventar uma causa para uma ação e mover um processo. O que ele tem a perder? Na Inglaterra, se alguém move um processo por calúnia está correndo um risco, pois se não vencer terá que pagar os honorários da defesa do réu. Aqui o queixoso não arrisca nada e uma vez que o mecanismo do processo está em ação o réu começa a sofrer — e com isso eu quero dizer sofrer. Na mesma hora ele começa a perder o dinheiro que deu duro para ganhar. Muito pouca gente tem o vigor necessário para aguentar um processo desses. Para se defender, McGinniss teve que vir até aqui e morar em um hotel por seis semanas. Ele tem um filho pequeno, uma família que está começando, a sua vida como professor universitário, está tentando escrever um livro. Ele desistiu de tudo isso pelo princípio de vir até aqui para fazer a sua defesa. O lado de MacDonald teria feito um acordo; teriam-no feito pela mesma quantia, mais cedo. McGinniss recusou, por uma questão de princípios. Mas, quando ele chegou aqui e passou pelo sistema e foi moído por ele e percebeu do que se tratava realmente — que se tratava do sistema de honorários condicionais — ele disse, 'Princípios são princípios, mas isto está me matando'. Encontrei-me com ele pouco antes do fim. Parecia dez anos mais velho. Posso garantir, quando se é vítima de um desses processos, fica-se acordado até as três da manhã mesmo sem beber. Fica-se acordado com os bêbados, enlouquecendo com impulsos homicidas. O meu primeiro livro de não ficção, *The onion field*, rendeu-me três processos. Um deles durou doze anos. Dá para imaginar? As crianças crescem. Imagine quantas noites eu fiquei de pé até as três. Naquela época, as editoras não tinham apólices de seguro, como hoje. Adivinhe quem pagou por esse processo. O meu editor e eu rachamos meio a meio. Esses advogados de honorários condicionais — são como traças ou lesmas de jardim. Não dá para se livrar deles. Onde é que está o Agente Laranja quando realmente precisamos dele? Temos 25 mil advogados no Condado de Los Angeles. Se adotássemos o sistema britânico, todos esses advogados de honorários condicionais que não param de jorrar das nossas faculdades de direito teriam que ir fazer outra coisa para a qual estivessem qualificados, como vender revestimentos de alumínio em Indiana ou detergente na televisão".

Perguntei a Wambaugh como havia sido a experiência de depor no tribunal.

"Foi uma piada", disse, e prosseguiu. "A pergunta à qual alguns dos jurados atribuíram uma enorme importância foi, 'Alguma vez o senhor mentiu para uma personagem de um livro?'. A resposta é não. Mas nem sempre disse a verdade. Já tratei com psicopatas, assassinos e gente horrorosa desse tipo — como tira e como escritor — e de maneira alguma eu lhes dizia sempre a verdade, apesar de não mentir. Qual é a diferença entre uma mentira e uma inverdade? Simples. No caso da mentira, a malícia está envolvida, há malevolência. No caso da inverdade, não há nada disso. Vai-se a uma reunião de ex-alunos e todos no salão estão dizendo inverdades. Todos. 'Oh, como você está bonita!'

Esse tipo de coisas. Quando estou falando com um psicopata, um assassino — como tira ou como escritor — e ele pergunta, 'Você consegue identificar-se com as sensações que eu tive quando estuprei aquelas treze mulheres, não consegue? Você sabe o que eu senti e teria feito a mesma coisa, não teria?', eu respondo, 'Mas é claro, Charlie. Diabo, eu não consigo nem parar de beber ou de fumar, como é que posso criticar você? Pega mais um doce'. *É óbvio* que é isso que eu diria, para manter o cara falando. Mas não há nisso nenhuma malícia. Mas, se eu dissesse, 'Charlie, se você confessar aqueles treze estupros, vou tomar providências para que o promotor troque todas as acusações por uma multa de trânsito' — isso é ilegal, há malevolência e malícia nisso, e *é uma mentira*. Foi isso que eu tentei explicar ao júri. Boa, vamos falar de júris. Temos realmente direito a um júri dos nossos iguais? Se houvesse alguma probabilidade de que McGinniss tivesse um júri dos seus iguais, Bostwick nunca teria feito a queixa. Joe McGinniss teve um júri médio de uma cidade grande, que é o que Bostwick sabia que ele receberia. Em toda a lista de selecionados para o júri havia uma única pessoa com formação universitária. Bostwick livrou-se imediatamente do otário, fazendo uso do seu direito de recusa. Uma das juradas declarou ter lido um livro, talvez, em toda a vida dela. Quando eu me sentei lá e olhei para aquela gente, comecei a suar por McGinniss. Os seus iguais — pessoas de formação e de educação semelhantes à dele — não são chamados para fazer parte de júris. Os jurados, quase todos eles, disseram depois que não entendiam os escritores, não entendiam o mundo das edições, não entendiam nada do que Buckley e Wambaugh estavam falando, não entendiam aquela história de diferença entre mentira e inverdade. Disseram que não há nenhuma diferença, que se você disser a alguém alguma coisa que não seja exatamente verdade deve ser punido por isso. Uma pessoa disse que queria ter dado a MacDonald milhões e milhões de dólares. Eu digo, pessoas que fossem iguais a McGinniss em educação, formação e experiência não teriam reagido desse modo. Ele não teve um júri dos seus iguais, e nunca poderia ter. Ele sabia disso. Será que ele quereria passar por tudo aquilo de novo, pelos princípios, por todos os escritores em toda a parte? Bom, não. No fim, ele acabou dizendo, 'Foda-se, vamos fazer um acordo'. E eu não o culpo nem um pouco por isso. Sinto pelo que aconteceu. Fico doente — absolutamente doente — quando penso que aquele psicopata matador de bebês vai conseguir 325 mil dólares com isso. Fico com vontade de vomitar."

"Sei que o seu depoimento foi muito criticado pelos jurados", disse eu.

"Ah, sim, claro. Eu estava lá sentado, falando com pessoas que nunca tinham lido um livro, alguns deles. Teria sido a mesma coisa se eu tivesse falado em chinês, quando falei da diferença entre a mentira e a inverdade em uma entrevista com um assassino psicopata. Eu sabia que eles não estavam entendendo e não fiquei surpreso com a reação deles. Quando se está falando com um criminoso psicopata, é preciso bajulá-lo e adulá-lo, dizendo-lhe coisas que não são absolutamente verdadeiras. Não se tem outra escolha a não ser fazer isso, como policial ou como escritor. Eles *colocam* a pessoa nessa posição. É o que eles fazem. Adoram isso. Eles dizem, 'Você acredita em mim, não é?', bem na hora em que se está convencido de que eles estão mentindo. Com uma resposta negativa, pode-se perder tudo o que foi conquistado, inclusive o livro, o dinheiro e o tempo, no caso de um escritor, e o inquérito, no caso de um policial. De modo que não se pode dizer a verdade."

"Bom, acho que cada um deve decidir isso por si mesmo — e você decidiu assim. Mas não é a única decisão possível."

"O que é que você faria? Você perderia tudo?"

"Sei que é muito fácil assumir um ar de moralidade e dizer, 'Eu teria agido assim ou assado'."

"Não, eu quero que você assuma um ar de moralidade. Quero que veja onde está a moralidade. Quero que veja que, como policial, eu tinha uma obrigação moral com o povo de Los Angeles de fazer uma determinada investigação, e se, dizendo uma inverdade — não uma mentira — para um criminoso sociopata, eu pudesse proteger melhor o povo de Los Angeles, então eu tinha com o povo a obrigação moral de o fazer. Ponha-me na posição

105

do escritor — eu tentei dizer isso a eles durante o julgamento. Eu disse, 'Um livro é uma coisa viva. Quando se chega ao ponto em que se investiu tanto nele, o livro está tão vivo quanto qualquer pessoa que se conheça — às vezes, até mais — e tem-se a obrigação moral de proteger aquela vida, de não deixar que ela morra no parto. Se eu tiver que dizer uma inverdade a um criminoso sociopata para proteger esta coisa viva, para deixar que ela nasça, então é aí que estará a minha obrigação moral'."

No dia seguinte, Wambaugh me ligou. Disse que havia algo de que ele queria falar: não estava satisfeito com o final da nossa conversa, quando tinha me pressionado a dizer que eu também considerava os livros que eu escrevia como coisas vivas, e eu tinha me sentido obrigada a dizer que não. "Acho que fiquei me sentindo tolo depois de falar com você sobre isso", disse ele, em tom conciliatório. "Trata-se de uma coisa sobre a qual eu nunca me questionei. Sempre presumi que todos os escritores sentiam a mesma coisa a respeito do próprio trabalho. Já li centenas de escritores que dizem que, ao longo do processo de escrever um livro, a história e as personagens vão assumindo o comando, e que é quase como se eles mesmos não estivessem envolvidos."

Eu disse: "Já foi dito de algumas personagens em romances que elas pareciam mais reais que pessoas em vida...".

"Sim, sim", interrompeu-me Wambaugh. "E elas parecem fazer as coisas por vontade própria, sem nenhuma ajuda sua."

"Mas isso é *ficção*. Na não ficção, que é o que você e McGinniss escrevem, as personagens não precisam 'assumir vida própria'. Elas já têm uma na realidade."

"Eu sei. Mas eu escrevo em estilo romanceado. Escrevo aquilo que Truman Capote chamava de 'romance não ficcional'."

Eu já conhecia as técnicas de escrita de Wambaugh, pelo depoimento dele no julgamento MacDonald-McGinniss. Em resposta a uma pergunta de Kornstein, Wambaugh dissera:

Quando escrevo não ficção, é óbvio que eu não estava presente quando as coisas aconteceram. Escrevo em estilo dramático —

106

isto é, uso muitos diálogos, descrevo sentimentos, descrevo como as coisas devem ter acontecido. Invento diálogos possíveis, ou pelo menos diálogos baseados em toda a pesquisa que faço. [...] E para ter a liberdade artística, obtenho uma isenção legal sempre que posso.

Wambaugh voltou ao tema do livro como coisa viva. "Eu costumava pensar nos livros como coisas vivas, por mais piegas que isso possa parecer, mesmo antes de começar a escrever. Senti que *The call of the wild* [O chamado da selva] era uma coisa viva, e depois o *Moby Dick*."

"E que me diz dos livros chatos?", perguntei. "São coisas vivas?"

"Não. Para mim eles não têm vida. Mas tenho a certeza de que os autores desses livros vão para a tumba achando que trouxeram algo à vida. E talvez as pessoas não achem que eu trouxe algo à vida, mas eu acho que sim. Não sou um intelectual. Escrevo com as tripas e estou falando com você com a mesma parte da minha anatomia. Quando eu estava depondo, Bostwick tentou fazer com que um livro parecesse igual a um par de sapatos. Eu disse que, quando escrevi o meu primeiro livro, não pensei em fazer dinheiro; só pensava que grande honra seria conseguir publicar alguma coisa. Mesmo agora, não escrevo por dinheiro. Já ganhei bastante. Eu já nem penso mais em dinheiro, a não ser quando tenho que pagar advogados que estão tentando me levar à falência."

"De modo que você é uma daquelas pessoas de sorte que escrevem por prazer e que por acaso tocaram um ponto que fez com que milhões de pessoas comprassem os seus livros."

"É isso mesmo. Acho que é um danado de um milagre. E por ter sido abençoado assim, e por ter tido esse tremendo golpe de sorte, acho que tenho uma obrigação, assim como McGinniss achou que tinha, de lutar pelos outros escritores, 99% dos quais não conseguem ganhar a vida escrevendo."

No dia 18 de setembro de 1987, McGinniss apareceu no programa de entrevistas de William F. Buckley Jr., *Linha de fogo*, juntamente com Floyd Abrams, o advogado de Nova York especializado em casos de calúnia e perito na Primeira Emenda. Assistindo a uma gravação do programa alguns meses depois, fiquei fascinada com a transformação pela qual passara McGinniss. O homem na defensiva e incomodado com o que eu havia falado em Williamstown, e a figura desesperada, acuada e que lembrava Orestes das transcrições do julgamento, tinha se tornado um autor célebre à vontade e expansivo, exalando uma espécie de excitação e descrença infantis a respeito de ser alguém no mundo. Eu também havia encontrado esse McGinniss, nas cartas a MacDonald; exibir os seus sucessos mundanos para MacDonald era evidentemente uma necessidade tão profunda para ele quanto a de enganar MacDonald a respeito do livro. "O *The New York Times Book Review* não só vai fazer uma grande resenha [sobre o livro *Going to extremes*], como também vai mandar alguém até aqui na semana que vem para me entrevistar", escreveu McGinniss, feliz, para MacDonald, em uma carta de 6 de agosto de 1980. "É como receber um título de nobreza." No dia 16 de julho de 1982, ele se vangloriou para MacDonald sobre Phyllis Grann, sua nova editora na Putnam (nessa altura, McGinniss tinha trocado de casa de edição), que era "provavelmente a mulher de mais alto escalão, mais prestigiosa e de maior sucesso em todo o mundo editorial" (embora, tal como McGinniss sentiu-se obrigado a contar a MacDonald, "ela tivesse começado no ramo como secretária de Nelson Doubleday"). Cinco meses depois, triunfante, ele descreveu para MacDonald, na prisão, a conferência de vendas em que *Fatal vision* havia sido apresentado: "No fim da apresentação do livro, à qual estavam presentes não apenas Phyllis Grann, delirando sobre ele, como também o diretor de marketing, o responsável pelos direitos de clube do livro & subsidiárias, o diretor de publicidade e finalmente o presidente da companhia, todos dizendo como o livro era especial. [...] Representantes de vendas foram solicitados a realizar uma votação secreta, classificando os livros em termos de colocação nas listas de vendas — e *Fatal vision* (isso é segredo: por favor, nada de fotocópias desta carta para os seus amigos na Califórnia ou em qualquer outro lugar!) ficou em primeiro lugar".

Agora, na televisão, ao lado de pessoas que estavam evidentemente a favor dele, McGinniss conversava com facilidade e fluência sobre o processo, como alguém que estivesse contando aos amigos reunidos para um jantar um estranho infortúnio ocorrido a caminho do trabalho. Depois de ouvir o relato de McGinniss, observou Abrams:

> Uma das coisas que me parecem espantosas é que aqui temos alguém que o júri [de um julgamento criminal] considerou ter cometido o mais hediondo dos atos, e mesmo assim houve pessoas no júri [do julgamento cível] que o escutaram com grande interesse, talvez até simpatia, e disposição a tratá-lo como se fosse uma pessoa qualquer. Talvez seja isso que os júris devam fazer, mas é bastante incomum isso acontecer quando se tem pela frente um assassino.

O diálogo continuou:

> *McGinniss*: Tal como um deles disse-me depois — recebemos permissão, fomos até mesmo encorajados, para falar com os jurados depois que se chegou a um não veredicto —
> *Bucley*: Inclusive o doutor MacDonald?
> *McGinniss*: Não, ele não. Os advogados dele sim, mas ele mesmo já estava de volta à prisão nessa altura. Ele esteve presente durante o julgamento. Ficava no tribunal o dia inteiro, vestido assim, de terno, sem algemas, na presença do júri, o que para ele era como se fossem as férias de verão. Era muito bom, sabe... a gente sai da cadeia. Mas, no fim, um dos jurados me disse: "O fato, senhor McGinniss, é que não era o MacDonald que estava sendo julgado aqui. Era o senhor. O senhor era o réu. Era o senhor que tínhamos que julgar" .

Buckley conduziu a discussão para a questão sobre a qual ele próprio havia deposto:

Buckley: Deixe-me perguntar-lhe isto, senhor Abrams. Suponha que [McGinniss] tivesse dito, respondendo com a verdade a todas as questões, "Eu sabia, sem sombra de dúvida, que ele era culpado no dia 1º de abril de 1975, mas continuei deixando que ele achasse que eu o considerava inocente por dois anos". Isso teria justificado um veredicto a favor do queixoso?

Abrams: Não acredito. Não mesmo. Quer dizer, isso coloca uma bela questão sobre a diferença entre os tipos de situação com os quais a lei deveria lidar e os tipos de situação que nos permitem emitir um julgamento moral sobre alguém, mas com os quais a lei, como tal, não está preparada para lidar.

Buckley: O senhor já tratou muito com a imprensa. Será que eu errei ao declarar que um escritor — especialmente um escritor investigativo — com muita frequência passa uma imagem com a intenção de apaziguar a pessoa sobre a qual ele está escrevendo? Isso o deixa chocado, do ponto de vista ético ou de qualquer outro?

Abrams: Não, não me choca. Mas posso lhe dizer que já entrevistei muitos jurados, e qualquer tipo de ação, por parte de jornalistas, que induza alguém a erro é algo que muitos cidadãos comuns — não advogados, não jornalistas — consideram muito ofensivo.

McGinniss contou a Buckley e a Abrams de que maneira acontecera de se chegar a um julgamento nulo:

Após três dias de deliberações, o júri expressou a opinião de que não tinham esperanças — não tanto em um impasse quanto confusos — e que provavelmente não poderiam chegar a um veredicto. [...] Havia um formulário especial de veredicto com 37 diferentes quadrinhos para ticar "Sim" ou "Não", e ficou aparente que eles simplesmente não entendiam de que modo os fatos que haviam sido apresentados no julgamento tinham relação com as perguntas que estavam diante deles, e depois de três dias eles anunciaram que não eram capazes de concordar de fato sobre o que quer que fosse e pediram permissão para ir para casa.

* * *

Os jurados contaram uma história diferente sobre o julgamento nulo. Quando me encontrei com quatro deles em Los Angeles, eles disseram que se sentiam capacitados a preencher o formulário de veredicto (dois dos seis jurados tinham mestrados), mas ficaram impotentes frente a um dos jurados, uma senhora chamada Lucille Dillon, que se recusou a deliberar. Depois que a primeira pergunta no formulário de veredicto havia sido discutida e votada, com cinco a favor de MacDonald e um, Lucille Dillon, a favor de McGinniss, Dillon afastou-se da mesa e não quis ter mais nada a ver com o grupo, sentando-se para ler perto da janela, enquanto o resto, forçosamente, discutia sobre o que fazer a respeito dela. "O nosso erro foi que, quando escrevemos uma carta ao juiz dizendo-lhe que Lucille Dillon se recusava a deliberar, dissemos que ela era a favor de McGinniss", contou-me Sheila Campbell. "Se tivéssemos deixado a questão em aberto e dito apenas que estávamos tendo problemas com Lucille, poderíamos ter conseguido que nomeassem outro jurado." Foi isso que aconteceu. Quando o juiz propôs a Bostwick e a Kornstein que Dillon fosse substituída por um suplente, Kornstein, naturalmente, recusou-se a abrir mão de um jurado que ele sabia estar do seu lado, e o juiz foi obrigado a declarar nulo o julgamento. O problema havia começado logo no início do julgamento, quando Dillon, militante dos direitos dos animais, trouxe panfletos para a sala do júri e não conseguiu interessar os demais jurados na causa dela. Ela tornou-se o estranho Outro para a maioria e eles tornaram-se o Opressor para ela. Quando chegou o momento das deliberações, a maioria percebeu, tarde demais — do mesmo modo que outras maiorias que ignoraram os sinais emitidos pelas minorias incômodas —, que havia desdenhado aquela mulher para seu próprio risco e que estava agora impotente contra ela.

Passei a tarde do dia de Ação de Graças de 1987 com Lucille Dillon, no meu quarto de hotel em Los Angeles. Trata-se de uma mulher de aparência agradável e segura de si, de sessenta anos, com cabelos encaracolados que estão ficando grisalhos, vestida

111

com calças brancas, uma túnica branca e sapatilhas brancas em pés muito pequenos; tem uma voz melodiosa e suave, e um riso extremamente cativante, vindo do fundo da garganta. Tomamos um lanche, servido no quarto, de salada de abacate e sorvete, e ela me falou sobre as suas experiências no julgamento.

"Eu vi que McGinniss era um homem muito bom", disse ela. "Dava para ver isso nele. Todos nós conhecemos pessoas que dão essa forte impressão de bondade. MacDonald? Não tinha nenhum sentimento de qualquer tipo sobre ele. Pensava nele, mas não tinha nenhuma impressão. Gostei dos dois advogados. Ambos pareciam ser homens muito bons, também, e achei que trabalharam muito bem. Havia alguma coisa neles, o olhar, alguma coisa boa. Achei que o juiz também era um homem muito simpático, muito paciente, gentil, cortês e considerado."

Eu disse: "A defesa criticou o juiz por ter deixado que o caso fosse a julgamento. Disseram que ele não entendeu que se tratava de um caso de Primeira Emenda e que, se tivesse entendido, teria negado provimento a ele".

"Concordo com isso. Para mim, a Primeira Emenda estava sendo julgada nesse caso — a Primeira Emenda da Constituição, que garante o direito de expressão livre. Eu logo vi isso. Entendi que alguém estava tentando impedir que alguém dissesse alguma coisa, e não gostei nem um pouco disso. Eu acredito na Constituição."

"Quando foi que a senhora começou a interessar-se pela Constituição?"

"No ginásio, eu li a Constituição e adorei. Era uma coisa maravilhosa de se ler, simplesmente linda. Ela protege as pessoas. Ali estava um documento que me protegia e seria preciso lutar contra esse documento para tratar-me injustamente. Em uma viagem a Washington, consegui um exemplar da Constituição. Não a li inteira. Tentei ler. Li a maior parte, mas começou a ficar um pouco tedioso e parei. É só que eu acredito inteiramente nela. Nem sempre ela é aplicada, nem sempre ela é usada pelo governo. Esta é uma reclamação que eu tenho. Há muitas coisas inconstitucionais que o governo faz."

"Em que é que a senhora está pensando?"

"Estou pensando no imposto de renda. Uma das razões pelas quais a Constituição foi escrita foi para garantir que o Congresso controlasse a oferta de dinheiro, e que ele não caísse nas mãos dos banqueiros particulares. O imposto de renda federal foi instituído em 1913 — embora a Constituição proíba isso — e agora as pessoas não possuem realmente grande coisa. Tudo é taxado."

Dillon contou-me que se tinha casado novamente com o seu segundo marido, após terem estado divorciados por dezenove anos. "Na verdade, trata-se de um arranjo financeiro", disse ela. "Eu disse a ele, 'Estou ficando velha, e se alguma coisa acontecer com você os meninos vão ser obrigados a cuidar de mim. Não há muitos empregos em Oxnard'. Era lá que eu estava na época. Eu arrumava empregos esporádicos, trabalhei na Fabric Well durante um certo tempo, mas eles não duram, os empregos assim. De modo que eu disse, 'Por que é que você não se casa comigo de novo, para que eu possa ficar com a sua aposentadoria? Se alguma coisa acontecer, os meninos não vão ter que cuidar da Mamãe quando ela ficar velha'. Ele disse, 'Vou pensar nisso', e depois ele disse 'Está bem'. Assim, ele tem a vida dele — tranquila — e eu tenho a minha. Ele tem o quarto dele e eu tenho o meu. Temos uma *mobile home* juntos. Foi estritamente um acordo financeiro. Estranho, não é?"

Enquanto escutava Lucille Dillon, senti de maneira mais aguda que nunca o surrealismo que há no âmago do jornalismo. As pessoas contam as suas histórias aos jornalistas do mesmo modo que as personagens dos sonhos transmitem as suas mensagens elípticas: sem aviso, sem contexto, sem levar em conta o quão estranhas elas vão parecer quando o que sonha acordar e repeti-las. Lá estava eu, fazendo o meu jantar de Ação de Graças com aquela estranha vestida de branco, que eu nunca mais voltaria a ver, e cuja existência para mim, daquele momento em diante, estaria no papel, como uma espécie de figura emblemática dos perigos do sistema de júris.

"Foi Kornstein que persuadiu a senhora?"

"Não, não. Nada me persuadiu. À medida que mais informações iam aparecendo, eu ia ficando mais segura. Tudo o que era dito à medida que o caso se desenrolava confirmava o que eu já sabia no começo. Eu não podia mudar de ideia."

Dillon passou a falar da sua aversão pelos demais jurados. "Senti que estava acontecendo uma coisa que não era certa. Eu ficava pensando: 'Será que essa gente é partidária de MacDonald? Será possível que todos nesta sala sejam partidários de MacDonald? Como é que eles podem ser tão solidários com ele? Eu ficava pensando nisso, sempre vou pensar nisso. Eles se davam muito bem entre si. Era como se todos se conhecessem, eram tão amigáveis. Riam o tempo todo, falavam muito e alto, e estavam todos de acordo, como uma só pessoa, plenamente. Não eram muito inteligentes. Não estou dizendo que eu seja, mas senti naquela gente uma falta de inteligência. Eles eram infantis, tolos e ignorantes. Não é bom ficar perto de gente assim. Eu ia para o vestíbulo algumas vezes para me afastar deles, das suas disposições e atitudes desagradáveis. Há alguns anos eu estive em um júri e foi o mesmo. Não eram pessoas boas. Tratava-se do julgamento de um rapaz. Eles iam liquidar aquele rapaz por uma coisa questionável. O menino foi acusado de contrabandear maconha para a prisão. Eles queriam mandá-lo para a prisão. Eram pessoas mais velhas. Eram maus. Não ligavam se arruinassem a vida dele. Eu não podia concordar com aquilo."

"De modo que foi outro julgamento nulo?"

"Foi outro julgamento nulo."

McGinniss, em uma das suas últimas cartas a MacDonald, citou um trecho que havia escrito naquele mesmo dia, que ele evidentemente julgava seguro deixar que MacDonald lesse (embora "Eu esteja indo contra os meus princípios ao fazer isto"), sobre a atitude do juiz no julgamento criminal em relação a Bernard Segal, o advogado de defesa de MacDonald:

O juiz Dupree possuía um rosto de incomum mobilidade e expressão, e, desde os primeiros dias do julgamento, a expressão que mais se via nele, quando Bernie Segal fazia o seu interrogatório, era de aversão. Obviamente alerta, atento, e às vezes até tomando notas durante o interrogatório direto conduzido por Blackburn, o juiz recostava-se na cadeira com os olhos fechados, fazendo caretas de exasperação ou massageando as têmporas como se estivesse com dor de cabeça, nos momentos em que Segal estava questionando agressivamente uma testemunha da acusação.

Lembrei-me desse trecho quando me encontrei com Segal em San Francisco, onde ele tem a sua banca e é professor na Escola de Direito da Golden Gate University. Rotundo e extremamente loquaz, de sessenta anos e com cabelos grisalhos encaracolados, ele parece presa de uma perpétua luta entre a ideia que faz de si mesmo como uma pessoa séria e digna e uma força travessa dentro dele dedicada a subverter essa autoimagem. "Foi ideia minha, desde o início", disse ele, "ter um escritor entre nós. Tendo sido jornalista por algum tempo antes de ficar honesto e tornar-me advogado, eu pensei, não há muitos livros escritos desde o ponto de vista interno de um caso, e este é um caso singular, com um cliente singular. A maior parte do tempo, fica-se envergonhado pelo próprio cliente em um processo criminal. Não porque ele seja necessariamente culpado, mas porque, falando de maneira geral, as pessoas não são envolvidas por acaso em um processo criminal. Costuma haver algo na conduta delas que está um pouco fora do padrão, que as torna vulneráveis à acusação. De modo que, como advogado, diz-se, 'Pelo amor de Deus, não quero saber de nenhum repórter rondando por aí, vendo esse lado do meu cliente — é melhor não deixar que ele fique conosco'. Jeff MacDonald era um em um milhão, como cliente e como ser humano, e eu pensei, eis aqui uma pessoa verdadeira, alguém com quem o leitor se identificará. Jeff MacDonald não parece ser e não é como o réu criminal comum. Trata-se de um ser humano em três dimensões, caloroso, solícito e decente, apanhado em um pesadelo da lei. Para mim, ele era um Dreyfus americano. A história de Dreyfus foi uma das que o meu pai me fez ler quando criança. Ele levou-me para ver o filme de Paul Muni sobre a história de Zola. Eu a vivi cem vezes."

Segal prosseguiu falando com amargura da decisão do juiz Dupree de que as provas psiquiátricas não seriam admitidas no julgamento. A defesa tinha planos de apresentar o depoimento de diversos psiquiatras que haviam examinado MacDonald — tanto na época dos assassinatos quanto na do julgamento criminal — e o tinham considerado mentalmente são e pouco verossímil como autor dos crimes. Tal como recordou Michael Malley mais tarde, no julgamento de McGinniss, "A promotoria anunciou: 'Se provarmos que este homem fez aquilo, não teremos que provar por que ele o fez, nem que ele é o tipo de homem que poderia tê-lo feito'. Achávamos que essa era uma visão muito insatisfatória da vida para ser apresentada a um júri, e teríamos passado muito tempo, se o juiz tivesse deixado, tentando provar que tipo de homem era Jeff MacDonald, para provar que ele não era o tipo de homem que poderia ter feito aquilo. Nesse caso, como em muitos outros momentos do julgamento de McGinniss, o que não devia acontecer — o julgamento não deveria ser um novo julgamento de MacDonald — acabou acontecendo. Ao contestar a imparcialidade do livro de McGinniss (usando a cláusula de Segal sobre a "integridade essencial" como uma justificativa não muito firme), Bostwick conseguiu também colocar a questão da imparcialidade do julgamento criminal. Ao interrogar Malley, Segal e MacDonald, ele enfatizou bastante um incidente que havia precedido a decisão do juiz Dupree contra os depoimentos psiquiátricos. Em um primeiro momento, ele dispusera-se a considerar uma permissão para que a defesa apresentasse os seus psiquiatras — contanto que a promotoria também pudesse examinar MacDonald com um psiquiatra escolhido por ela. MacDonald concordou, de má vontade, em submeter-se a um exame feito pelo psiquiatra do inimigo, um certo dr. James A. Brussel, de Nova York, que veio a Raleigh acompanhado de um psicólogo clínico de West Orange, New Jersey, chamado

Hisch Lazaar Silverman. O exame de MacDonald teve lugar na noite de 13 de agosto de 1979, no escritório de um advogado, e, no julgamento de McGinniss, Segal descreveu em seu depoimento um encontro pouco auspicioso que teve com Brussel depois que o exame havia terminado:

> O dr. Brussel estava de pé na sala de espera. Estava vestido com um terno e tinha o chapéu na cabeça. Quando entrei, disse algo do gênero. "Bom, ainda bem que já está tudo acabado", e o dr. Brussel disse, "Onde está o meu chapéu?". Eu fiquei meio confuso. Achei que talvez ele estivesse brincando. Mas ele era um homem com cerca de oitenta anos de idade, e logo vi que não devia ser isso. Nós todos ficamos parecendo meio espantados, e ele olhava em volta procurando o chapéu, até que alguém disse: "Doutor Brussel, o chapéu está na sua cabeça". Ele disse: "Ah, sim". E depois: "Onde é que eu estou? Que lugar é este?". E de novo ficamos confusos, até que um de nós disse: "Doutor Brussel, estamos em Raleigh, na Carolina do Norte". Ele disse: "Ah, sim — sim, é claro".

Depois que o juiz recebeu a avaliação de MacDonald feita por Brussel e Silverman, decidiu contra a admissão de depoimentos psiquiátricos de qualquer dos lados: "Colocar um psiquiatra contra o outro tenderia apenas a prolongar o caso e, na melhor das hipóteses, provaria algo que tenderia apenas a confundir ainda mais a questão". No julgamento de McGinniss, Bostwick perguntou a MacDonald: "O senhor McGinniss disse qualquer coisa ao senhor a respeito da decisão do juiz de não permitir depoimentos psiquiátricos?".

MacDonald retrucou: "Ele disse que isso era ultrajante".

"Ele disse por quê?"

"Sim, disse que ele era — estava se referindo a Brussel — um filho da puta senil e incompetente."

McGinniss, porém, quando começou a escrever *Fatal vision* — provavelmente por estar tentando dar alguma substância ao seu retrato de MacDonald como psicopata — citou longos trechos do relatório Brussel-Silverman, que parece ser uma obra de paródia, como quando, por exemplo, diz: "Parece haver nele uma ausência de reações emocionais profundas, ligada a uma incapacidade de aprender com a experiência. Trata-se do tipo de indivíduo que está sujeito a cometer atos associais com impunidade", e "Em termos de saúde mental e de funcionamento da personalidade, ele é um invertido sexual aberto ou reprimido, caracterizado por um egoísmo expansivo e por delírios de perseguição. Preocupa-se com o irrelevante e é incapaz de enfrentar a realidade".

Sem que MacDonald e seus advogados soubessem até muitos anos depois, quando a Lei de Liberdade de Informação levou à descoberta, o dr. Brussel não era apenas um velho frágil em final de carreira: era um psiquiatra forense que em 1971 havia ajudado a promotoria a montar o caso contra MacDonald e que havia proposto a teoria de que ele havia matado a esposa em uma discussão, matando depois as crianças porque eram testemunhas. "Não há dúvidas de que a promotoria deu um golpe baixo quando o escolheu para ser o psiquiatra que faria com MacDonald o que seria supostamente um exame psiquiátrico neutro", disse-me Segal. "Fomos ferozmente atrapalhados pelo juiz. Nunca vi um caso como esse, em 27 anos de prática. Jeff podia muito bem ser culpado, mas quando um homem é condenado em um julgamento desumano e parcial, o sistema é violado, e todos ficam menos seguros. Tendo dito isto, contudo, eu sei, tão bem quanto qualquer pessoa que não estivesse presente no dia 17 de fevereiro de 1970, que ele não fez aquilo."

Em fevereiro de 1988, fiz uma segunda visita a MacDonald em Terminal Island. Ele deveria ter sido devolvido à prisão no Arizona depois do acordo no processo de McGinniss, mas havia feito um pedido formal para permanecer em Terminal Island, de modo a ficar perto da mãe doente, que mora em Long Beach, ali perto. O pedido foi aceito, com a condição de que ele continuasse em confinamento solitário, e ele aceitou a condição. Ficamos no mesmo locutório, depois de ele passar pelo mesmo ritual com as algemas, e perguntei-lhe sobre uma das cartas de McGinniss, que me tinha impressionado muito — tanto por causa do que MacDonald havia feito com ela quanto pelo que McGinniss escrevera: MacDonald havia pegado uma caneta e, por assim dizer, vandalizado a carta, cobrindo cada uma das sete páginas com uma variedade de marcas enfurecidas. Todo o texto da carta fora riscado, parágrafo por parágrafo, como se alguém tivesse golpeado as palavras indefesas na página. Quando vi a carta pela primeira vez, senti-me na presença de uma raiva e de um ódio terríveis, e de um desejo de ferir. Para mim, aquela carta foi, e continua sendo, o único sinal de alguma coisa estranha e perturbadora sobre MacDonald, de alguma coisa que não fosse afavelmente "normal".

MacDonald contou-me que havia riscado a carta enquanto gravava uma resposta às perguntas que McGinniss fazia nela. "Eu estava tão furioso por ter que gravar a fita que cada vez que eu respondia uma pergunta eu a riscava com a caneta desse jeito. Enquanto eu estou gravando a fita, estou pensando, 'Toma, seu filho da puta! É você que está implorando por isso, e, está bem, eu dou, pois tenho as suas garantias de que tudo fica entre nós'."

Na carta, com mais persistência que nunca, McGinniss tentava romper a elusiva afabilidade de MacDonald, interrogando-o cerradamente sobre as intimidades do casamento. Tal como declarou McGinniss mais tarde, ao ser interrogado por Bostwick, "Eu estava tentando fazer com que ele parasse de dizer banalidades e começasse a falar como uma pessoa de verdade. [...] O que ele tinha me contado até então parecia tão superficial e tão carente de qualquer conteúdo emocional genuíno que eu sentia que aquilo não era tudo o que havia — tinha que haver mais, tinha que haver alguma coisa que ele estava segurando". De modo que McGinniss fez o que todos nós fazemos — cometeu o engano que todos nós cometemos — quando estamos diante de um Outro teimosamente enigmático: recorreu a si mesmo e às suas próprias experiências para resolver o enigma. Escreveu para MacDonald:

Sei que você é um otimista e sei que você tem tendência a bloquear as memórias desagradáveis, mas, Jeff, convenhamos, o começo de um casamento não é nenhum piquenique, para ninguém. Com certeza não foi, para mim. Casar com 21 anos, ter um filho no ano seguinte, outro um ano e meio depois, e daí ficar apaixonado por outra mulher quando a minha estava grávida pela terceira vez.

Tendo passado por esse tipo de experiência, acho que poderia estar mais sintonizado que a maioria das pessoas à possibilidade de que você tenha algumas dessas reações na sua própria vida. [...] Já se conhece o bastante da sua vida extracurricular para demonstrar que você era pelo menos tão promíscuo quanto eu.

Mas MacDonald não aceitou os avanços e não concordou com a sugestão de que ele e McGinniss fossem farinha do mesmo saco, ambos enganando as mulheres desinteressantes com quem tinham se casado. Como já observei antes, as pessoas, em sua maioria, não dão boas personagens para os jornalistas; MacDonald era antes um membro dessa maioria pouco promissora que da minoria especial, autorromanceada. Quando McGinniss disse que estava tentando fazer com que MacDonald "começasse a falar como uma pessoa de verdade", só podia estar querendo dizer que desejava que ele começasse a falar como uma personagem de romance. A carta de McGinniss — cujo objetivo era precisamente invalidar a realidade de MacDonald e conseguir a ajuda dele para fazer de si mesmo uma personagem literária — expõe uma das diferenças fundamentais entre as personagens literárias e as pessoas na vida real: as personagens são esboçadas com traços muito mais amplos e grosseiros, são criaturas muito mais simples, mais genéricas (ou, como se dizia antes, míticas) que as pessoas reais, e a vividez sobrenatural que elas demonstram deriva da sua fixidez e consistência nada ambíguas. As pessoas reais parecem relativamente desinteressantes em comparação, porque são muito mais complexas, ambíguas, imprevisíveis e particulares que as pessoas nos romances. A terapia da psicanálise tenta devolver ao paciente neurótico a liberdade de ser desinteressante que ele deixou cair em algum lugar do caminho. Ela se propõe solapar as estruturas romanescas sobre as quais ele construiu a própria existência e destruir a teia de padrões elaborados e artísticos em que ele foi apanhado. Há pessoas (entre elas alguns psicanalistas) que acham que a ação da psicanálise é, por assim dizer, transferir o paciente de um romance para outro — de um romance gótico, digamos, para uma comédia doméstica — mas a maioria dos analistas e das pessoas que passaram pela terapia sabe que não é assim, e que o programa freudiano é bem mais radical. Há analisandos que dizem às vezes que estão ficando loucos com o tratamento. É a desromantização das suas vidas e o vislumbre do abismo de individualidade e idiossincrasia sem mediações que é o inconsciente freudiano que fazem com que eles se sintam assim.

MacDonald continuou falando sobre a carta de McGinniss: "Ele dizia sempre, 'É o pano de fundo', quando eu lhe perguntava por que é que ele queria discutir cenas íntimas entre mim e uma mulher. Eu falava com ele por telefone e dizia, 'Joe, isso é loucura. Não tem o menor sentido. O que isso tem a ver com a história sobre o processo?', e ele dizia, 'Nada. O que isso faz é me ensinar. Eu sou o artista. Tenho que saber de tudo. Tenho que saber como é o cheiro do seu suor. Quero saber como é que você e Colette faziam amor. Então, eu terei de onde escolher. Eu, como artista, tenho que ter todo esse pano de fundo para poder escrever a verdadeira história de Jeff, o homem decente na prisão'. E isso tinha sentido para mim, honestamente. Acho que entendia o que ele estava dizendo. Eu havia tomado uma decisão — catastrófica, como se viu — de confiar no Joe. Como se viu, eu estava incrivelmente despistado. Ele arrancou as coisas de mim, depois transformou-as no livro dele e disse, 'Eis aqui um ser humano empedernido, superficial, chauvinista e maldoso falando sobre a mulher que ele afirma amar'. Mas aquele não sou eu. Não é o meu estilo de vida".

"Mas será que você *tinha* que contar essas coisas a ele?", perguntei.

"Eu sei, eu sei", disse MacDonald. "E a resposta — já nem é mais uma desculpa, porque eu estou tão envergonhado por ter feito isso — é que ele disse que estava escrevendo um livro que revelaria a verdade sobre esse horrível erro de julgamento, e eu estava disposto a pagar o preço."

Enquanto conversávamos, MacDonald, que havia perdido o almoço para estar comigo, comia rosquinhas cobertas de açúcar de confeiteiro, de um pacote que eu havia comprado em uma máquina na lanchonete dos funcionários da prisão, e mais uma vez fiquei impressionada com a graça física daquele homem. Ele manuseava as rosquinhas — partindo-as em pedacinhos e mantendo o açúcar, de maneira inexplicável, sob controle — com a delicada destreza de um veterinário consertando uma asa quebrada. Quando o pacote acabou, ele o dobrou cuidadosamente e falou das cartas ofensivas que havia recebido às centenas dos leitores de *Fatal vision*. "Há uma que eu nunca vou esquecer", disse ele. "Às vezes eu acordo e fico pensando nela. Um sujeito me escreveu e disse: 'Estou sentado na praia em frente ao Sheraton Waikiki Hotel, e a minha esposa e eu acabamos de ler *Fatal vision*'. Ele então fala de mim como se eu fosse um monstro psicótico. É uma coisa inacreditavelmente atormentadora. Lá está aquele sujeito, sentado na praia com a esposa, segundo o que tudo indica passando férias, escrevendo uma carta maldosa e odiosa para alguém que está na prisão." Eu havia lido essa carta no escritório de Bostwick e também a tinha considerado inacreditável. Esta é a carta:

19 de agosto de 1984

Caro recluso MacDonald,

A minha esposa e eu estamos aqui no belo e ensolarado Havaí, divertindo-nos muito, e nós dois lemos o romance *Fatal vision*, de Joe McGinniss, enquanto estávamos deitados na praia aqui em Waikiki.

Nós dois estamos, tenho que lhe dizer, convencidos sem sombra de dúvida que você é totalmente culpado dos assassinatos da sua esposa e das suas filhas.

Temos duas filhas adoráveis e brilhantes, e agradecemos a Deus por elas não terem um "louco" como pai.

Não tenho a menor compaixão por um indivíduo tão doente, demente e sórdido quanto você, com certeza, deve ser. Com base no texto da história bem-feita de McGinniss sobre você, fica fácil ver que você é um mentiroso de proporções ultrajantes.

Qualquer pessoa que seja capaz de fazer o que você fez com uma mulher grávida é realmente um lixo, mas o que você fez com duas crianças indefesas é ainda mais doente e mais difícil de entender e acreditar. O livro diz (acho) que você poderá sair em liberdade condicional em 1991. Rogamos a Deus que as autoridades encarregadas desses procedimentos tenham mais bom senso que os seus colegas do Exército e *nunca* soltem você. Você é obviamente um homossexual latente (ou talvez não seja mais *latente*, agora que está onde está! Talvez, nessa altura, você já seja a "Rainha do Rebolado" aí do pedaço, hã?) que odeia as mulheres porque é um veado impotente, certo?

De qualquer maneira, nós só queríamos que você soubesse que gostamos do romance, mas temos a certeza de que você é culpado e que um maníaco pervertido como você nunca deveria ser solto. Talvez seja melhor que você se concentre em arrumar um "tio" aí nessa espelunca, e em se transformar no veado que você deve de fato ser.

Com os melhores votos,
J------- H-------

Eu disse: "Há nisso algo que me deixa desconcertada e confusa. Essa gente está sentada na praia do Havaí, escrevendo uma carta para uma pessoa sobre a qual leram em um romance — para uma personagem de um livro que você rejeita como uma representação sua — e mesmo assim a carta chega até você, você a lê e fica aflito com ela".

"É", respondeu ele. "Isso faz parte do impacto destrutivo do livro de McGinniss. As pessoas que o leram acham que me conhecem, que entraram na minha cabeça. É nisso que está a maldade — não conheço outra palavra — do roteiro fabricado por ele. Ele o moldou muito bem, e parece ser muito profundo. Mas ele estava moldando os fatos para adequá-los a uma opinião. Não estava moldando a opinião dele para adequá-la aos fatos."

Perguntei a MacDonald sobre a vida na prisão, e ele falou sobre o tema por vinte minutos. Faz-se uma pergunta a esse homem e ele *responde*. Depois de voltar a Nova York, e pelos próximos oito meses, eu experimentei — tal como McGinniss experimentara — a sua exaustiva e incessante capacidade de resposta. A mais leve e a mais breve inquirição da minha parte provocava respostas de vinte páginas de MacDonald e enormes pacotes de documentos comprobatórios. MacDonald não faz nada pela metade e, do mesmo modo que McGinniss tinha se sentido oprimido pela quantidade de detalhes irrelevantes nas fitas dele, eu me senti oprimida pela montanha de documentos que se formou no meu escritório. Li uma parte do material que ele me enviou — transcrições do julgamento, moções, declarações, documentos juramentados, relatórios. Chega um documento, dou uma olhada e vejo palavras como "seringa ensanguentada", "traços azuis", "punção no lado esquerdo do peito", "impressões digitais não identificadas", "urina de Kimberly", e o acrescento à pilha. Sei que não posso saber nada sobre a inocência ou a culpa de MacDonald com base em material como esse. É como procurar em uma flor pela prova ou pela negação da existência de Deus — tudo depende de como se olha para as evidências. Se começarmos admitindo a culpa dele, leremos os documentos de um modo, e de outro modo se o supusermos inocente. O material não "fala por si mesmo".

Do mesmo modo, a maneira de "ler" o próprio MacDonald depende do que se supõe que ele tenha ou não feito na noite de 17 de fevereiro de 1970. O dr. Stone, supondo que MacDonald fosse o assassino, vê-o como um psicopata sem piedade cujos olhos podem fazer furos em tanques. Os amigos e defensores de MacDonald, imaginando invasores enlouquecidos por drogas como os assassinos, veem-no como uma espécie de Jó de carteirinha. É interessante ver como qualquer pessoa que não tenha adotado nenhuma dessas posições — que considere ambos os roteiros inimagináveis — tende a conceder a MacDonald o benefício da dúvida. Não acreditar no que uma pessoa diz vai contra todos os nossos instintos. Tendemos a acreditar uns nos outros.

De acordo com o seu próprio depoimento, quando conheceu MacDonald, McGinniss estava nesse estado de ceticismo benigno, mas que durante o julgamento criminal ele passou a não acreditar em MacDonald e a aceitar a tese da promotoria — tal como o júri, o juiz e os demais jornalistas presentes: que MacDonald matou a esposa e a filha mais velha durante uma briga, e depois matou a sangue-frio a filha mais nova, para fazer com que ficasse parecendo um massacre de tipo mansoniano. As provas circunstanciais apresentadas pela promotoria foram respondidas de modo ineficaz; MacDonald simplesmente não foi capaz de explicar as discrepâncias entre a sua história e o testemunho das provas físicas. Em *Fatal vision*, McGinniss relata que vários jurados estavam chorando quando anunciaram o veredicto. Eles não tinham querido condenar MacDonald, mas sentiam que não tinham outra escolha. Um dos jurados contou a McGinniss um momento decisivo para o seu modo de pensar: a audição de uma gravação de uma entrevista de MacDonald por investigadores do Exército, feita em abril de 1970. McGinniss escreve:

"Até que ouvi aquilo", comentou mais tarde um jurado, "não tinha dúvidas sobre a inocência dele. *Todas as provas tinham apenas parecido desconcertantes.* Mas quando eu o ouvi tudo ficou diferente. Comecei a olhar para tudo de maneira totalmente diferente. *Havia alguma coisa no som da voz dele.* Uma espécie de vacilação. Ele simplesmente não falava como alguém que estivesse dizendo a verdade. Além disso, não acho que alguém que acaba de perder a esposa do jeito que ele disse que perdeu teria ficado lá reclamando da bagunça que ela fazia nas gavetas da cozinha." (Os itálicos são meus.)

É nesse tipo de coisas que se apoiam os veredictos. As provas — tal como disse a promotoria, as "coisas que não mentem" — tinham "apenas parecido desconcertantes". Quando falei com os jurados do julgamento de McGinniss, eles também haviam sido suscetíveis às suas impressões sobre o réu. Com exceção de Lucille Dillon, todos eles "sentiram" que McGinniss não estava dizendo a verdade. "O tempo todo eu fiquei pensando, você está mentindo", disse-me uma jurada suplente, Jackie Beria. A primeira jurada, Elizabeth Lane, assistente social aposentada, disse: "Era sempre, 'Não consigo recordar', 'Não me lembro', 'Não sei'". E emendou: "Sinto-me mal a respeito da coisa toda, porque eu achei que *Fatal vision* era um livro muito bom. Sei o quanto é duro fazer um livro e quanta pesquisa ele fez. Acabei vendo-me em uma posição em que não queria estar, ou seja, concordando que MacDonald tinha motivos de queixa. Eu sempre achei que assassinos condenados não devem ganhar dinheiro com livros e entrevistas na televisão, e que se eles ganham dinheiro, este deveria ser mandado para as vítimas. Foi daí que eu parti. De modo que não foi fácil para mim ver que havia um certo mérito no processo de MacDonald. Depois, vimos todas aquelas cartas. Mas o que mais me incomodou foi que, depois que Buckley e Wambaugh testemunharam e disseram que não há nada de errado em agir desse modo — que os escritores fazem isso o tempo todo —, McGinniss não foi capaz de levantar-se e dizer, 'Sim, eu o logrei, sim, menti para ele, sim, enganei-o, porque todos concordamos no mundo das edições que não há nada de errado nisso, que de vez em quando isso tem que ser feito, e eu fiz porque eu tinha aquele livro para escrever, e o livro era a coisa mais importante para mim, e portanto os meios para esse fim foram justificados'. Ele não foi capaz de levantar-se no tribunal e dizer isso. Ele tinha que fazer de conta que não tinha certeza, apesar de tudo estar demonstrando que ele estava escrevendo uma coisa para MacDonald e na verdade pensando e acreditando e dizendo outra coisa para outras pessoas. Ora, isso pode não ser ilegal, mas com certeza é pouco ético, e não caiu bem conosco, especialmente quando ele tentou mentir a respeito". Os jurados me disseram também que tinham saído do julgamento convencidos de que MacDonald era culpado. Quando lhes perguntei por que achavam isso, disseram que, após terem lido o *Fatal vision* (tarefa que lhes fora dada pelo juiz), não podiam pensar de outro modo: estava claro que as tentativas de Bostwick de lançar dúvidas sobre a veracidade do livro não tinham obtido nenhum sucesso. (Se está dito em um livro, deve ser verdade.) Mesmo assim (talvez em virtude da falta de profundidade do retrato que McGinniss fez da esposa e das filhas assassinadas, em nenhum momento sentimos por elas o que sentimos pelas vítimas em *In cold blood* [A sangue frio] de Truman Capote), o júri negou-se a colocar MacDonald fora do alcance da simpatia, onde Kornstein havia tentado pô-lo. Em vez disso, eles deram ouvidos à pergunta retórica de Bostwick: "Vocês acham que uma pessoa que foi condenada, e que acredita ter sido condenada injustamente, não pode ser ferida? É isso que o senhor Kornstein quer que vocês pensem quando o chama de assassino condenado".

Enquanto preparava o seu livro sobre um assassino que se recusava teimosamente a exibir qualquer traço característico das pessoas que matam e cujo passado parecia não render nada mais sinistro que uma história banal de promiscuidade, McGinniss acabou encontrando um tesouro. Uma das amigas de MacDonald — uma das muitas pessoas que MacDonald instara McGinniss a ver — traiu-o. Tratava-se de uma mulher casada de mais idade, com quem MacDonald tivera um caso amoroso, e depois de vê-la McGinniss pôde escrever esta forte passagem:

Fiquei sabendo também que mais tarde, naquele mesmo verão, não muito tempo depois de MacDonald ter fixado residência em Huntington Beach [isso foi no verão seguinte à audiência do Exército que o eximiu], ele recebeu a visita de uma amiga íntima da mãe dele, uma mulher que ele conhecia desde a infância. Com ela veio o filho de dez anos de idade.

Durante a visita, que se estendeu por um período de semanas, Jeff envolveu-se sexualmente com a amiga da mãe. Ele mesmo contou-me isso em uma das visitas que fiz a Terminal Island. Posteriormente, em outra parte do país, localizei a mulher e ela confirmou a veracidade da história, embora tenha ficado um pouco contrariada por ele ter resolvido contar-me.

Perguntei-lhe o que havia feito com que ela interrompesse o relacionamento, esperando que ela dissesse que, depois de um certo tempo, a impropriedade da situação tinha começado a incomodá-la, ou simplesmente que o verão estava acabando e estava na hora de ir para casa.

Em vez disso, ela disse que havia partido de repente — antes do momento planejado por ela — devido a dois incidentes envolvendo o seu filho de dez anos. O primeiro, disse ela, ocorreu quando MacDonald — irritado com o mau comportamento do menino no apartamento dele — tinha-o levado para fora e o tinha pendurado pelos pés no cais, ameaçando jogá-lo de cabeça na água.

O segundo incidente, disse a mulher, teve lugar quando o verão já ia mais avançado, e ela, Jeff e o garoto estavam passeando no barco dele. Também dessa vez, o filho dela havia feito algo que irritou MacDonald. Nessa ocasião, disse a mulher, MacDonald havia agarrado o garoto e dito a ele, em um tom ainda mais furioso e ameaçador, que quando voltassem para terra ele ia agarrar a cabeça dele e segurá-la na frente do barco, para esmagá-la contra o cais.

Tive ocasião de falar com o garoto — que era agora um jovem adulto, frequentando uma universidade de elite — sobre as suas lembranças desse incidente. [...]

[Ele] disse que o primeiro não havia sido demasiado alarmante. Talvez apenas uma forma de brincadeira rude que tivesse ido um pouco longe demais. Mas o segundo episódio — a cena no barco — ele disse recordar "com verdadeiro terror até hoje". Ele não foi capaz de lembrar-se do que, especificamente, ele havia feito para irritar MacDonald daquele modo, "mas ele veio para cima de mim, gritando, e lembro-me de algo como um fogo nos seus olhos. Foi *muito, muito* assustador. Eu não sabia o que ele ia fazer. De fato, o que ele fez foi atirar-me na água — atirou-me para fora do barco em movimento, e lembro-me de ter realmente ficado aliviado por ele não ter feito mais nada.

"Mas eu nunca vou esquecer disso. Nunca vou me esquecer do olhar dele. Sabe, talvez como criança a gente perceba as coisas mais diretamente, de certo modo, que como adulto. Mas desde aquele momento no barco eu acreditei que ele deve ter sido culpado. Só de ver aquela espécie de fogo nos olhos dele. E não quis continuar perto dele. Fiquei muito assustado e disse à minha mãe que queria ir para casa imediatamente. E foi o que fizemos."

Esse trecho se destaca no livro. Trata-se do único e indelével exemplo de raiva assassina da parte de MacDonald. Quando Mike Wallace, na entrevista para o programa *60 minutes*, confrontou MacDonald com o livro de McGinniss este foi um dos trechos que ele leu. MacDonald gaguejou uma negativa confusa ("Isso nunca aconteceu. É mentira.") e depois despachou Ray Shedlick atrás de uma retratação da mulher, do marido dela e do garoto. Mas a retratação não veio. Alguma coisa, evidentemente, *tinha* acontecido no barco, que perturbou o menino e fez com que a mãe dele, dez anos depois, falasse sobre o fato a um jornalista. Em uma carta que escreveu a MacDonald poucos meses depois de ver McGinniss, ela disse sobre a entrevista que, "Ele acabou sendo alguém com quem é muito fácil falar encantador e afável. É claro que ele é um fã e partidário seu muito devotado, mas acho que ele está tendo problemas com o livro. Suponho que todo escritor tenha dores de parto". É interessante ver que a mãe e MacDonald mantiveram uma correspondência amigável. Toda a raiva dele dirigia-se a McGinniss. Quando escrevi a MacDonald perguntando-lhe sobre o incidente, ele respondeu: "O que McGinniss diz é 'Sim, sei muito bem que ninguém nunca viu ou ouviu falar de MacDonald sendo violento — a não ser, é claro, por alguns segundos no dia 17 de fevereiro de 1970 — mas eu, Joe McGinniss, escritor superimportante, descobri a única outra vez em que a violência latente de Jeff MacDonald foi revelada'. [...] McGinniss tinha que retratar-me daquele modo para justificar o estilo de Judas da amizade dele, e assim ele simplesmente pega acontecimentos normais e mistura neles o mal". Na mesma carta, MacDonald descreveu o seu relacionamento idílico com o garoto, escrevendo sobre as brincadeiras rudes e amigáveis entre os dois ("Se eu estivesse pescando na ponta do cais, ele vinha sorrateiramente por trás & me empurrava para a água & fugia rindo de alegria. Em troca, eu o jogava na água sempre que fosse possível"), e especulando sobre os possíveis motivos psicológicos para a "interpretação ou percepção erradas de uma brincadeira mais violenta ou de uma tentativa de disciplina" da parte do menino. Eu já conhecia a versão de MacDonald, por ter lido a entrevista de Bob Keeler com ele no livro azul. A entrevista aconteceu dois meses depois da gravação do programa de Mike Wallace e, mais uma vez, MacDonald rejeitou com veemência o trecho. "Está bem, eu e ela tivemos esse relacionamento", disse ele a Keeler. "Não há dúvidas de que o marido foi chifrado, e sinto-me muito mal a respeito do que fiz. Mas isso não faz com que o que Joe escreveu seja certo. É totalmente fabricado. Aquilo nunca aconteceu."

Depois disso, Keeler telefonou para a mãe do menino, e perguntou: "Talvez a senhora possa contar-me, em primeiro lugar, se essas coisas aconteceram do jeito que McGinniss as descreveu no livro".

"Sim, aconteceram", respondeu a mãe. "O primeiro incidente foi mais uma brincadeira. Do segundo eu não gostei nem um pouco, embora não me tenha dado conta de que o meu filho tivesse ficado tão assustado."

"Mas, no que diz respeito ao trecho do livro, trata-se realmente de uma representação precisa do que a senhora disse a Joe quando falou com ele?"

"Sim. Os dois incidentes ocorreram, embora eu não ache que isso faça de Jeff um assassino, e eu não fiquei assustada a ponto de dizer, Meu Deus! Eu só pensei — como se pensa quando se está na casa de alguém e esse alguém dá uma resposta malcriada —, já estamos aqui há tempo demais, está na hora de irmos para casa. Não foi nada mais que isso, mas aparentemente o meu filho ficou alarmado."

Nos depoimentos de MacDonald e de McGinniss tomados pelos advogados da parte oposta, os dois advogados abordaram o incidente do menino no barco e o esmiuçaram em busca de vantagens para o próprio lado; e ambos acabaram decidindo deixá--lo de lado no julgamento. O incidente é mais uma amostra da dificuldade de se saber a verdade sobre qualquer coisa. Pode-se passar anos a estudá-lo, tal como os investigadores passaram anos trabalhando com o assassinato da família de MacDonald, e no fim não obter nenhuma resposta segura sobre o que "realmente" aconteceu. Neste caso, contudo, a pergunta não é quem cometeu o crime, mas se um crime foi de fato cometido. Assim como a imaginação fértil do dr. Stone investiu os traços de um homem que ele viu de relance em um tribunal com as aparências de um mal monstruoso, a fantasia nervosa do garoto (ele sabia que MacDonald havia sido acusado de assassinar crianças) pode ter confundido uma bronca inocente com uma intenção homicida. Por outro lado, o menino pode ter intuído algo de fato perigoso em MacDonald. Só se MacDonald confessasse os crimes, ou se outra pessoa fosse revelada como autora das mortes, estaremos mais aptos a julgar o que aconteceu no barco.

O jantar que tive com Michael Malley na primavera de 1988 acontecera a pedido de MacDonald. Malley fora uma excelente testemunha da parte queixosa no julgamento de McGinniss, depondo sobre as relações entre este e MacDonald, na casa da fraternidade Kappa Alpha em Raleigh, de maneira extremamente lúcida e imparcial. "Quantas horas por dia o senhor estimaria que eles passavam juntos?", perguntou-lhe Bostwick.

R: Eu diria que, em um dia típico, uma hora pela manhã, antes do tribunal, e de três a quatro horas pela tarde. Nem sempre só os dois, mas Joe estava por perto. Ele estava sempre perto de Jeff; nem sempre, mas a maior parte do tempo, ele estava perto de Jeff.

P: O senhor se preocupava por ele estar passando tempo demais com o doutor MacDonald?

R: Não.

P: Ficava aliviado?

R: Sim.

P: Por quê?

R: Bem, a partir de uma certa altura eu não quis continuar sendo a única reserva de solidariedade para Jeff. Em Fort Bragg [na audiência do Exército], algumas vezes — porque Bernie não estava e Jim Douthat, o outro advogado militar, ia para casa à noite —, eu ficava duas ou três horas por noite com o Jeff. E, ao mesmo tempo que isso certamente reforçava a nossa amizade, era muito, muito difícil para mim. E eu não queria passar de novo por isso na Carolina do Norte — que ele só tivesse a mim com quem falar. E Joe cumpria esse papel muito bem. Quer dizer, ele e Jeff acabaram ficando, do meu ponto de vista, tão íntimos quanto Jeff e eu éramos em Fort Bragg. Portanto, eles tinham um ao outro para conversar, e eu podia concentrar-me no que estava tentando fazer. Quer dizer, eu não abandonei o Jeff, mas não estava lá para ser amigo dele.

Mais adiante, Bostwick perguntou a Malley: "O senhor ainda se considera amigo do doutor MacDonald?".

R: Sim.

P: O senhor ainda se considera amigo do senhor McGinniss?

R: Hoje em dia?

P: Sim.

R: É uma pergunta muito difícil de responder. O senhor sabe, Joe nunca me fez nada, pessoalmente, de modo que não posso dizer que ele me tenha jamais ofendido, pessoalmente; mas eu com certeza fiquei absolutamente indignado com o livro. Considero que isso é um obstáculo real à nossa amizade.

P: Bem, e o que foi que o senhor achou que causava, digamos, indignação, no livro?

R: Basicamente duas coisas. Uma é o retrato que ele faz de Jeff, que eu acho que está errado. Quer dizer, apenas a personalidade de Jeff. E a outra é a proposição de um motivo ou um método pelo qual Jeff teria feito aquilo — essa loucura induzida pela droga, que, por tudo o que eu sei, é tão contrária aos fatos tal qual se deram realmente. Para mim, não passa de uma invenção. E eu considero que isso é um sério, sério impedimento à amizade.

Malley comportou-se igualmente bem ao ser interrogado por Kornstein:

P: Muito bem, o senhor é advogado, senhor Malley. Quando estudou na Faculdade de Direito de Harvard, eles ainda ensinavam a respeito da Primeira Emenda, não ensinavam?

R: Eles não ensinam mais? Sim, senhor, ensinavam...

P: Senhor Malley, não seria esta tentativa do queixoso, de punir um escritor por ter escrito um livro, o equivalente da queima de livros?

R: Não, senhor, não é.

Malley é um homem de 47 anos, em boa forma, de barba, com um sorriso encantador e que tem em torno de si uma atmosfera obscura de dificuldade, mal-estar e infelicidade. Quando, perto do fim da noite, ele me disse que Conrad era o seu escritor predileto, percebi que o próprio Malley, com o seu desespero misterioso, era uma personagem de Conrad. Ele havia escrito uma extraordinária resenha de *Fatal vision*, em 1984, para a revista *Princeton Alumni Weekly*, na qual ele colocava, e tentava responder, a pergunta de "como McGinniss havia passado a odiar Jeff o bastante para escrever este livro". Malley concluía:

Aquilo de que, afinal de contas, McGinniss não gosta em Jeff é sua aceitação irrefletida dos valores e das contradições da classe média em questões de moralidade, sexualidade, amizade e finanças — a visão defeituosa da boa vida tal como McGinniss (e Jeff também) a vê. Trata-se de uma vida que não se presta aos heróis que McGinniss afirma querer. Uma vida que ele se sente livre para condenar e trair, do mesmo modo como em todos os seus livros ele condena e trai os amigos que lhe entregaram a confiança e a vida. No entanto, ele não fica à vontade ao fazer esse trabalho sujo, pois quer que haja uma razão superior, um sentido, para o que ele faz. Quer, em última instância, o perdão, não para os protagonistas dos seus livros, mas para si mesmo.

A ironia é que a solução dada por McGinniss ao caso de MacDonald é impiedosamente prosaica, classe média e banal — todas as coisas que McGinniss dá mostras de detestar... [A solução] se resume à "descoberta" pedestre de que Jeff engoliu um comprimido moderador de apetite a mais do que devia e portanto apagou a família. No fim, a visão de McGinniss é de uma pornografia classe média e sem erotismo. É como se Marlow descobrisse em Lord Jim a verdade suprema de que o pecado deste era ao mesmo tempo banal e irredimível, e que ele estava destinado e condenado a ser um prisioneiro arquivista em algum obscuro escritório de despachos marítimos.

Agora, naquele restaurante a meia-luz, como se fosse Marlow falando de Jim a um interlocutor em uma varanda tropical qualquer à luz das estrelas, Malley falou-me de MacDonald. Disse que, "Se juntarmos todas as provas da promotoria e todas as nossas provas, o que aconteceu não fica claro. Jeff tem a história dele, mas não tem todos os detalhes, tal como ele mesmo admite. Tudo se resume a que ele é a única testemunha ocular, e ele olha nos seus olhos e diz, 'Não fui eu'. Eu acredito nele. Acabei acreditando nele do mesmo jeito que Joe acabou não acreditando. Jeff convenceu-me de que estava dizendo a verdade em 1970, quando o caso era recente e ainda não tinha vinte anos de argumentos e regurgitação e requintes de advogados. Em 1970, eu estava em condições de saber o que havia para saber, e não há muitas provas novas. Em 1970, tudo era recente e novo para mim, e eu tinha que tomar uma decisão. Decidi que as provas não apontavam para Jeff. Tampouco apontavam para outra direção. Mas ele era crível, e confiei nele, e ainda confio. A minha própria suposição é que a decisão do Exército de retirar as acusações também foi baseada na confiança no que alguém havia dito. Foi assim que eu tomei a minha decisão e nunca tive nenhuma razão particular para mudá-la".

Malley falou sobre as pessoas que haviam adotado MacDonald

como uma causa. "É fácil ter uma causa quando ela é tão simpática — é meio como ser a favor dos filhotinhos sem casa. Jeff mudou muito, no meu modo de ver. Em parte, eu também mudei muito. Mas Jeff era muito mais simpático. Ele não tinha essa espécie de máscara que ele hoje veste de maneira quase consciente. Era um sujeito bem ingênuo. Essa experiência ensinou muito a ele, e não para melhor, embora não se possa culpá-lo por isso."

"O que é que ficou pior nele?"

"O que ficou pior nele é que ele se tornou não apenas um prisioneiro no sentido real, físico, mas um prisioneiro do seu próprio caso e da sua imagem, e do que as pessoas esperam dele. E ele se tornou prisioneiro da publicidade — que, na sua maior parte, consiste no livro de McGinniss. Jeff, hoje, julga as suas palavras e as suas ações por aquilo que as pessoas que leram o livro vão pensar dele e por aquilo que ele pode fazer para desfazer essa impressão. Isso não é espontâneo. Jeff deixou de ser uma pessoa aberta, amistosa. E isso é o que ele era. Não éramos particularmente amigos na faculdade — ficamos íntimos só depois que eu entrei para o caso — porque eu mesmo nunca fui assim. Gosto das pessoas assim, mas eu mesmo nunca fui aberto e amistoso, e nunca falei com as pessoas na rua e fiz amigos com facilidade. Ele sempre foi assim, e depois de um certo tempo começa-se a gostar disso. Hoje ele está muito mais — 'reservado' não é a palavra certa, mas quase. Muita gente não vê isso. Acham que ele continua sendo aberto, amistoso e extrovertido. Mas agora tudo isso tem um método. Acho que é muito consciente. Tem que ser. Ele não pode fazer nada por si mesmo, de modo que tem que manipular as pessoas à sua volta. Ele não é mais capaz de ser um sujeito espontâneo. Ele pondera muito o que diz e faz. De certo modo, isso é bom. É a maturidade. Mas em termos da velha amizade é também um pouco desconcertante ver isso acontecendo.

"Continuo a contar Jeff entre os meus melhores amigos, mas ele sabe que eu não preciso dele e que ele precisa de mim. Não era assim, antes. Antes, nenhum de nós precisava do outro. Agora, está bastante claro que ele precisa de mim para certas coisas e que não tem nenhum controle sobre se eu as faço ou não. Quando o visito, sempre me impressiono — e talvez isso se dê porque eu estou em uma sala pequena, minúscula, e eles o trazem algemado — com a mudança na situação dos nossos papéis. Quando Jeff me levava para passear no barco dele, ele é que estava no comando — ele dirigia o barco e eu ficava com uma cerveja na mão. É bem diferente agora, ele faz as coisas de outro modo. Não o culpo. Mas também não é muito agradável. Nunca gostei de relacionamentos em que alguém queria alguma coisa de mim. Gosto de relacionamentos que tenham dois lados. E este deixou de ter dois lados. Jeff não tem nada a me oferecer — além da amizade. Acho que há um afeto sincero por mim da parte de Jeff, e isso é com certeza recíproco, mas o afeto deixou de ser o bastante. Jeff não precisa que as pessoas gostem dele — precisa que as pessoas gostem dele *e* façam alguma coisa por ele. Este é um dos problemas de se ser um advogado — e também, suponho, escritor. Passa-se a ser uma das pessoas para as quais Jeff tenta lançar a isca. Ele tentou lançar a isca para Joe. É provável que tenha tentado lançar a isca para você — para não apenas gostar dele, mas fazer alguma coisa por ele."

Ao falar, Malley parecia-me assustadoramente um homem falando sobre uma mulher que ele houvesse amado no passado, mas que agora achava patética. Por que ele estava me contando aquilo?

Perguntei: "Por que as pessoas deixam os jornalistas escreverem sobre elas?".

"No caso de Jeff", respondeu Malley, "havia um óbvio motivo egoísta: ele queria um livro que dissesse ao mundo que ele era inocente e um sujeito simpático. Mas em alguma altura a opinião do mundo tornou-se secundária e Joe tornou-se, para o ego de Jeff, a verdadeira audiência. Jeff gostava mesmo de Joe e realmente confiava nele. E foi por isso que a traição foi tão incrível. Se o livro tivesse dito, 'Cheguei com relutância à conclusão de que aquele sujeito simpático, de quem eu realmente gostava, matou a esposa e as filhas', teria sido uma coisa. Mas o livro diz, 'Esse sujeito é um assassino de sangue frio, um manipulador de sangue frio, um mentiroso de sangue frio, e somente eu, Joe

McGinniss, percebi isso desde o início, mas eu tinha que ter a certeza'. Eu sempre soube que Joe tinha a opção de não acreditar em Jeff, e Jeff também sabia disso, mas o que eu não sabia é que Joe tinha a opção de não gostar de Jeff. E Joe não apenas nunca deu nenhuma indicação de que era isso o que ele sentia como fez precisamente o oposto: deu todos os sinais de que gostava de Jeff. Ele era o amiguinho machão do Jeff. Os dois corriam juntos, trocavam figurinha a respeito de mulheres, faziam todas essas coisas de machão juntos."

Pouco depois, Malley disse: "Em um certo nível, eu entendo o Joe. Não acho que ele tenha dito cinicamente a si mesmo, 'Acho que ele é inocente, mas isso não vai vender o meu livro, portanto vou dizer que ele é culpado'. Não acredito nisso; nunca acreditei nisso".

"O defeito de caráter de Joe pode ser que ele não saiba ser nada além de insinuante."

"É isso mesmo. Acho que o Joe, mais que qualquer outra coisa na vida, quer ser querido. Nesse sentido, ele é bastante parecido ao Jeff. Mas, ao contrário de Jeff, Joe é um sujeito muito crítico, embora isso não seja óbvio quando se fala com ele, porque ele tem aquela atitude de eterna tolerância."

"Se o Joe tivesse dito, 'Olhe, Jeff, comecei a achar que você fez aquilo', o Jeff teria continuado falando com ele?"

"Acho que teria. Ele não teria querido acreditar que Joe não era persuadível."

Malley falou da adaptabilidade de MacDonald: "Ele não queria passar o resto da vida de luto ou caçando os assassinos. Agora ele aceita a prisão do mesmo jeito que aceitou os assassinatos".

"É uma vida arruinada."

"É, sim. A vida do Jeff tem sido dominada por isso desde que ele tinha 26 anos, e a menos que alguma coisa dramática aconteça, ele não vai sair da prisão antes do fim do século. É pouco provável que ele tenha um novo julgamento. O sistema já foi até onde tinha que ir."

Correspondi-me com MacDonald entre janeiro e novembro de 1988. Ele me escrevia longas cartas em papel almaço pautado, e eu lhe escrevia cartas curtas, datilografadas. Uma correspondência é uma espécie de caso amoroso. Tem lugar em um espaço pequeno, fechado, particular — uma folha de papel dentro de um envelope é o seu veículo e emblema — e tem um toque de erotismo, sutil, mas palpável. Quando escrevemos para alguém com regularidade, começamos a esperar ansiosamente pelas suas cartas e a sentir uma emoção crescente ao vermos o envelope familiar. Mas se formos honestos conosco mesmos teremos que reconhecer que o maior prazer da correspondência está mais na resposta que na recepção. É pela nossa própria máscara epistolar que nos apaixonamos, mais que pelo nosso companheiro de correspondência; o que torna a chegada de uma carta um acontecimento momentoso é a ocasião que ela propicia de escrever, mais que de ler. Parte do mistério das cartas de McGinniss a MacDonald desvendou-se para mim quando me pus no lugar de McGinniss e, por assim dizer, percorri novamente o caminho da sua correspondência fatal. É claro que evitei as armadilhas óbvias que para ele haviam sido causa de tantos tormentos no tribunal — não prometi coisa alguma a MacDonald e não escrevi nada sobre mim mesma que me importasse que outra pessoa soubesse — mas agora, ao rever as fotocópias das minhas cartas a MacDonald, percebo que não estava menos enamorada do som da minha voz que McGinniss da dele. Assim como McGinniss havia posto em cena o duplo papel de escritor célebre e de companheiro machão de MacDonald, eu representei o de uma espécie de dama caridosa do jornalismo, escrevendo para o pobre condenado e fazendo com que ele soubesse o quão afortunado ele era por me conhecer e estar lendo as minhas análises sobre o relacionamento entre escritor e personagem. A seu modo, acho as minhas cartas tão desagradáveis quanto as de McGinniss. O que me incomoda não é tanto o que elas dizem quanto o seu tom satisfeito de si mesmas e a sua falsidade fundamental — a falsidade que está embutida no relacionamento entre escritor e personagem, e sobre a qual nada pode ser feito. Só quando a personagem rompe relações com o escritor — tal como McGinniss fez comigo — é que este fica em uma posição totalmente descompromissada. Ao contrário de outras relações que têm um propósito além de si mesmas, e que são claramente delineadas como tais (dentista-paciente, advogado-cliente, professor-aluno), o relacionamento escritor-personagem depende, para subsistir, de uma certa imprecisão e obscuridade de propósito, se não de total ocultamento. Se todos pusessem as cartas na mesa, o jogo acabaria. O jornalista tem que fazer o seu trabalho em um estado de anarquia moral deliberadamente induzido. Era isso que Buckley e Wambaugh estavam tentando dizer no tribunal, e se o tivessem dito de modo menos arrogante e mais em tom de desculpa — se tivessem colocado a coisa mais como um molesto e desafortunado risco profissional que como uma necessidade virtuosa — poderiam não se ter antagonizado ao júri daquele modo.

O lado da personagem nesta equação não deixa de ter os seus problemas morais, tampouco. A seu modo, as cartas de MacDonald para mim eram tão falsas quanto as minhas para ele. Ele estava jogando a sua isca para mim, exatamente como Malley havia descrito, e não tinha menos intenção de me "usar" que eu de "usar" a ele. Embora eu tenha tentado não zombar das esperanças dele, dava para ver que ele não abandonava a fantasia de que seria eu a escrever a narrativa do "homem decente na prisão" que McGinniss não escrevera; suas cartas de vinte ou trinta páginas tinham todas esse propósito e eram como golpes de marreta com a sua autojustificação inexorável, repetitiva, bombástica. Quando chegava uma carta, eu adiava a sua leitura — a escrita era insuportavelmente prolixa — mas, quando me decidia a lê-la, algo inesperado acontecia. Eu me via abalada e comovida, chegando às vezes até às lágrimas. Uma terrível aridez e um desespero insondável permeavam aquelas cartas indescritivelmente tediosas, como a realidade obliterante das pinturas de Francis Bacon. Apesar disso, depois que comecei a escrever esta crônica, perdi a vontade de me corresponder com MacDonald. Mais uma vez, ele tinha se transformado em uma personagem em um texto, e a sua existência como uma pessoa real começou a tornar-se difusa para mim (tal como se tornara difusa para McGinniss, até que o processo movido por MacDonald a trouxesse de volta com um brilho fulgurante). Uma longa carta dele pode ser encontrada na minha mesa de trabalho, sem resposta. Ela fala de alguns desdobramentos do caso criminal — "novas provas, extraordinariamente poderosas", que ele não está "livre ainda para tornar públicas", mas que me mandará se eu quiser. Não quero. Se MacDonald não tem mais nada a perder nos seus encontros com os escritores, um escritor tem muito pouco a ganhar com ele. A história dos assassinatos já foi contada — por Joe McGinniss — e adquiriu a aura de uma narrativa definitiva. Caso MacDonald chegue de fato a conseguir um novo julgamento, e mesmo que seja considerado inocente, poderá reconstruir a sua vida, mas não será capaz de apagar a história de McGinniss — do mesmo modo que "novas e poderosas provas" da inocência de Raskolnikov não apagariam a fábula de Dostoiévski. (Recentemente, Jeffrey Elliot abandonou o projeto do livro sobre MacDonald — nenhum editor o queria.) É natural que alguém que tenha sido prejudicado ou humilhado — ou ache que foi — nutra fantasias de que um escritor virá montado em um corcel branco e endireitará tudo. Tal como ilustra o caso *MacDonald versus McGinniss*, o escritor que vem tende apenas a piorar as coisas. O que dá ao jornalismo a sua autenticidade e vitalidade é a tensão entre a cega absorção de si mesma da personagem e o ceticismo do jornalista. Jornalistas que engolem sem mastigar a história da personagem e a publicam não são jornalistas, e sim publicistas. Se as personagens em perspectiva tivessem em mente a lição do caso *MacDonald versus McGinniss*, isso poderia ser, tal como afirmou Kornstein, o fim do jornalismo. Felizmente, tanto para os leitores como para os escritores (tal como demonstra a carta carregada de fantasias do próprio Kornstein), a natureza humana garante que nunca haverá uma diminuição na oferta de personagens à disposição. Tal como os rapazes e moças astecas selecionados para o sacrifício, que viviam em delicioso ócio e luxo até o dia marcado para que os seus corações lhes fossem arrancados do peito, as personagens jornalísticas sabem muito bem o que as espera quando os dias de leite e rosas — os dias das entrevistas — chegarem ao final. E mesmo assim elas dizem sim quando um jornalista chama, e mesmo assim ficam espantadas quando veem o brilho da faca.

Posfácio da autora

Embora escritores e editores gostem de resmungar sobre a proliferação dos processos por calúnia nos Estados Unidos, poucos deles proporiam seriamente que alguma coisa fosse feita para reverter a tendência. A sentença de morte pronunciada pelo aiatolá contra Salman Rushdie traz à tona o sentimento primitivo que está por trás de todo processo por calúnia e faz com que o escritor se sinta grato pelos mecanismos que a lei provê para transformar o desejo de morte que a personagem descontente nutre por ele no objetivo mais civilizado de lhe arrancar grandes somas em dinheiro. Embora seja raro que se pague qualquer soma — a maioria dos processos por calúnia acaba com a derrota do queixoso ou com um acordo por quantias modestas —, o próprio processo funciona como um poderoso agente terapêutico, livrando a personagem dos seus sentimentos humilhantes de impotência e devolvendo-lhe o ânimo e o *amour propre*. Do advogado que aceita cuidar do seu caso, ela recebe o alívio imediato de um ouvido solidário para os seus agravos. A psicoterapia convencional logo descambaria para o exame dos furos encontrados na história, mas a cura legal nunca deixa de ser gratificante; com efeito, o que o advogado diz e escreve em nome do cliente é mais gratificante que as mais loucas esperanças deste. A retórica do direito advocatício é a retórica dos devaneios noturnos de vingança, que na vida real raramente sobrevive à luz cética da manhã, mas que nos processos vai sendo inscrita, como se no mármore, nos documentos belicosos que se vão acumulando enquanto o processo avança, e que proclama em cada frase "Eu tenho razão! Eu tenho razão! Eu tenho razão!". Do outro lado, enquanto isso, a mesma orgia de autojustificação está ocorrendo. O réu do processo de calúnia, após um primeiro momento de ansiedade (todos nos sentimos culpados de algo, e ser processado agita esse sentimento), começa a ver, por intermédio do advogado-terapeuta *dele*, que está coberto de razão e não tem nada a temer. De todas as experiências agradáveis de leitura, não há nenhuma mais agradável que a propiciada por um documento legal escrito em nosso nome. Um advogado argumenta por nós de um modo que nunca poderíamos fazer por nós mesmos e, com a sua retórica de advogado, dá-nos a certeza que nunca poderíamos obter por nós mesmos com a linguagem do discurso cotidiano. Aqueles que nunca processaram ninguém, e nunca foram processados, deixaram de conhecer um inigualável prazer narcisista.

Há poucos anos, tive a oportunidade de experimentar esse prazer, quando fui processada por calúnia pelo protagonista do meu livro *In the Freud archives* [Nos arquivos de Freud], Jeffrey Masson. Lembro-me bem da pilha de documentos relativos ao processo que se acumulou no meu escritório, para o qual eu era atraída como para um doce proibido, e que eu examinava como uma criança que lê sem parar o seu conto de fadas favorito. É claro que a leitura enlevada dirigia-se apenas à metade da pilha de documentos — os que haviam sido escritos pelos meus advogados. A outra metade — escrita pelos advogados de Masson — não tinha interesse algum; eu dava uma olhada em cada documento que chegava e sempre percebia rapidamente as suas fraquezas e a sua falta de sentido, e nunca mais olhava para ele de novo. Do lado dele, estou certa de que Masson fazia a mesma coisa. Na vida, já é bastante difícil ver o ponto de vista alheio; em um processo, é impossível. A atração fatal de um processo — tal como nos foi mostrado por Dickens em *Bleak house* [A casa soturna], com o caso *Jarndyce versus Jarndyce* — é a infinita latitude que ele oferece para se escapar do mundo real da ambiguidade, da dúvida, da desilusão, do compromisso e da acomodação. O mundo de um processo legal é o mundo do ideal platônico, onde tudo é claro, bem delineado, uma coisa ou outra. Trata-se de um mundo — como mostrou Dickens com a sua alegoria da obsessão — no qual entramos por nossa própria conta e risco, porque é também o mundo da loucura. Quando o processo de Masson já se arrastava havia alguns meses, aceitei o conselho de Dickens e me afastei da beira do abismo, voltando a ela apenas uma vez mais. Devo admitir que, no verão de 1987, quando um juiz federal encerrou sumariamente o processo de Masson, eu me encontrei lendo e relendo o despacho de 27 páginas do juiz com o velho arrebatamento solipsista. Mas o sentimento de baixo regozijo pela desgraça alheia foi logo substituído por uma certa simpatia cansada pelo homem cujos esforços não haviam dado em nada.*

Ser processado por uma pessoa que habita as páginas de um livro que foi escrito pela gente não é, afinal de contas, a mesma coisa que ser processado por alguém que existe apenas na vida real. Conhece-se o adversário melhor do que se conhece a maioria das pessoas meramente reais — não só porque se teve oportunidade de estudá-lo com mais detalhe do que se estuda as pessoas sobre as quais não se está escrevendo, mas porque se investe nele muito de si mesmo. *"Madame Bovary, c'est moi"*, disse Flaubert da sua famosa personagem. As personagens não ficcionais, não menos que as ficcionais, derivam dos desejos mais idiossincráticos e das ansiedades mais profundas do escritor; elas são o que o escritor gostaria que elas fossem e o que ele se preocupa por ser. *Masson, c'est moi.*

Em sua biografia de Gogol, citando de maneira depreciativa uma teoria sobre as origens de *O inspetor geral*, Vladimir Nabokov observa:

> É estranha essa nossa inclinação a derivar satisfação do fato (geralmente falso e sempre irrelevante) de que uma obra de arte

---

* Masson, que aparentemente ainda não está preparado para encerrar a sua terapia legal, recorreu do julgamento sumário. Em agosto de 1989, o julgamento foi mantido pelo Tribunal de Recursos da Nona Circunscrição, por 2 a 1. Prontamente, Masson deu entrada em mais um recurso — dessa vez por uma reconsideração do seu caso por uma representação maior do Tribunal de Recursos — que até agora não foi considerado pelo Tribunal.

tenha as suas origens em uma "história verdadeira". Será que é porque passamos a respeitar mais a nós mesmos quando ficamos sabendo que o escritor, da mesma maneira que nós, não foi astuto o bastante para inventar a história por si mesmo?

Quando a crônica de traição jornalística que forma o conteúdo deste livro apareceu pela primeira vez no *The New Yorker*, alguns membros da comunidade jornalística sustentaram que eu não havia "inventado" a minha história — isto é, não tinha agido de boa-fé ao apresentá-la como uma história nova —, mas apenas contado uma versão disfarçada do processo Masson-Malcolm. A minha sugestão de que todos os jornalistas sentem, ou deveriam sentir, algum tipo de compunção a respeito do caráter explorador do relacionamento jornalista-personagem foi considerada como uma confissão encoberta do mal que eu havia feito a Jeffrey Masson — que foi prontamente arrolada para o projeto de mostrar que o meu texto não era mais que o produto de uma consciência culpada. O sentimento de solidariedade por Masson, provocado em mim pelo julgamento sumário, foi reanimado pelo espetáculo proporcionado por ele, dando entrevistas a repórteres cujo único interesse nele era a sua utilidade como agente para o desenvolvimento da "história por trás da história" que eles procuravam; depois de usá-lo, eles o abandonaram. O homem vivaz, impudente e complexo que aparecera no meu livro ficou tristemente diminuído pelas suas novas companhias literárias. O que eles tinham feito com o complicado e rebelde Masson para torná-lo tão insípido?

No entanto, ele serviu o seu propósito, e a acusação que o havia levado a me processar, de que eu o tinha caluniado ao citá-lo erroneamente, começou a circular em jornais e revistas por todo o país — não como acusação, mas como fato estabelecido. É uma experiência muito desalentadora abrir o venerável jornal que se leu durante toda a vida adulta, de cuja veracidade nunca se teve motivos para duvidar, e ler-se alguma coisa a respeito de si mesmo que se sabe não ser verdadeira.* No devido tempo, o *Times* publicou uma retratação, mas o dano estava feito. Tal como Tom Wicker escreveu recentemente na sua coluna "Na nação", "É um truísmo dizer que as negativas nunca estão realmente à altura das acusações. Jornalistas honestos que podem ter passado uma informação falsa por engano sabem que a mais proeminente das retratações nunca desfaz realmente o dano feito pela publicação original". A ocasião para a observação de Wicker foi a morte de Owen Lattimore, que fora acusado por McCarthy de ser um espião comunista e, depois de muitas atribulações, conseguira inocentar-se desta e de outras acusações similares. O ponto crucial da coluna de Wicker era o seguinte parágrafo:

> Depois que o obituário dele apareceu [...] duas pessoas bem informadas, pouco dadas a desconfianças direitistas, disseram-me que haviam ficado surpresas ao lerem que o sr. Lattimore, de fato, era inocente das acusações. Eles sabiam que McCarthy exagerava, mas por quase quarenta anos, como disse um deles, eles haviam tido a impressão de que o sr. Lattimore estava pelo menos "maculado".

---

* Em um artigo intitulado "A ética, os repórteres e o *New Yorker*", na edição de 21 de março de 1989 do *New York Times*, um repórter chamado Albert Scardino escreveu que "depoimentos no julgamento retratavam-na como tendo fabricado citações e inventado diálogos" e que "Janet Malcolm admitiu as invenções". É claro que nunca houve qualquer depoimento nesse sentido, já que nunca houve qualquer julgamento (o processo foi encerrado antes de ir a julgamento) e também é claro que eu não admiti invenção alguma (no julgamento imaginário). Parte da confusão de Scardino — e dos jornalistas que relataram a subsequente decisão ratificatória do Tribunal de Recursos — deriva sem dúvida da natureza um tanto quanto misteriosa do julgamento sumário, um expediente que a lei provê para o réu que não queira arcar com as despesas de um julgamento. No julgamento sumário, o réu deve demonstrar que o queixoso não poderia, de modo algum, obter uma sentença favorável à sua causa em um julgamento. Para fazer com que essa demonstração se atenha aos limites fixados pela regra 56(c) das Regras

Por causa da história do *Times*, para algumas pessoas bem informadas eu também, sem dúvida, sempre estarei maculada — uma espécie de mulher caída do jornalismo.

O que é que está em jogo, para o leitor, na questão de se saber se o escritor violou ou não as regras do seu gênero? Afinal de contas, a ficção contemporânea está cheia de exemplos de transgressões desse tipo. Se E. L. Doctorow pode experimentar com a forma do romance, misturando personagens fictícias com personagens históricas, e se Philip Roth pode chegar até mesmo a comunicar a morte de uma personagem no primeiro capítulo de *The counterlife*, e depois, no segundo, mandar o homem a Israel para recuperar-se da operação a coração aberto que o matou na página 17 ("Menti, e daí?"), por que é que os escritores de não ficção não podem brincar do mesmo modo, tomar liberdades semelhantes, conduzir as suas próprias experiências modernistas? Por que o escritor de um gênero deveria ter mais privilégios que o de outro gênero?

Federais do Processo Civil — que estipula que um julgamento sumário só pode ser concedido nos casos em que "não haja qualquer discórdia genuína em relação a qualquer fato material" —, o réu é muitas vezes obrigado a deixar sem contestação acusações medonhas que, no julgamento, o queixoso teria que fundamentar com provas. Desse modo, no processo Masson-Malcolm, para cumprir a regra 56(c), a defesa não contestou a acusação do queixoso de que quatro páginas de anotações que eu havia submetido ao tribunal como fonte de certas citações no meu livro eram "fabricações". Consequentemente, as decisões do tribunal de primeira instância e do Tribunal de Recursos disseram, com efeito, que mesmo que as acusações de Masson a respeito das anotações fosse verdadeira, a causa dele não prevaleceria em um tribunal, devido às provas de 1056 páginas de transcrição de gravações que não haviam sido contestadas. Mas a fórmula "mesmo que" do julgamento não foi, evidentemente, entendida pela imprensa, e foi considerada como querendo dizer "assim é". Gostaria de aproveitar o abrigo agradável desta nota de pé de página para dizer que considero a acusação de que eu fabriquei anotações e inventei citações inacreditavelmente ridícula, que a rejeito com veemência e que não existe a mais ínfima prova que a apoie.

A resposta é: porque o escritor de ficção tem direito a mais privilégios. Ele é dono da sua própria casa e pode fazer nela o que quiser; pode até derrubá-la, se tiver inclinação para tanto, tal como tinha Philip Roth em *The counterlife*. Mas o escritor de não ficção é apenas um inquilino, que se deve ater às cláusulas do contrato, que estipulam que ele deve deixar a casa (conhecida pelo nome de Realidade) nas mesmas condições em que a encontrou. Pode trazer a sua própria mobília e distribuí-la como quiser pela casa (o chamado Novo Jornalismo trata da distribuição da mobília pela casa), e pode ligar o rádio, não muito alto. Mas não deve mexer na estrutura fundamental da casa, nem alterar qualquer das suas características arquiteturais. O escritor de não ficção tem com o leitor um contrato que o obriga a limitar-se a eventos que ocorreram de fato e às personagens que tenham equivalentes na vida real, e que não permite que ele enfeite a verdade sobre tais eventos ou personagens.

Falo sobre a limitação nas possibilidades de invenção do escritor de não ficção como se fosse uma carga, quando, na verdade, é isso que torna tão menos árduo o trabalho dele. Enquanto o romancista tem que começar do nada e empreender o terrível esforço de conceber um mundo, o escritor de não ficção recebe o dele já pronto. Embora este não seja, de modo algum, tão coerente quanto o mundo da ficção e esteja povoado por pessoas de modo algum tão vivas quanto as personagens de ficção, o leitor aceita isso sem se queixar; sente-se compensado pela inferioridade da sua experiência de leitura com o que considera como o caráter edificante do gênero: uma obra sobre algo que é verdadeiro, sobre coisas que realmente aconteceram e pessoas que de fato viveram ou vivem, tem o seu valor por ser apenas isso, e é lida com um espírito mais clemente que uma obra de literatura imaginativa, da qual esperamos uma experiência mais intensa. O leitor dá ao escritor de não ficção uma espécie de crédito que ele não estende ao escritor de ficção, e por isso o escritor de não ficção tem que ser meticuloso na entrega da mercadoria pela qual o leitor pagou adiantadamente com a sua indulgência. É claro que não existe nada parecido a uma obra de pura realidade, assim como não existe nenhuma de pura ficção. Assim como todo trabalho de ficção se inspira na vida, toda obra de não ficção se inspira na arte. Do mesmo modo que o romancista tem que controlar a própria imaginação para manter o seu texto embasado na experiência coletiva do homem (os sonhos são um exemplo de imaginação sem controle — daí a sua falta de interesse para qualquer pessoa além de quem os sonha), o jornalista deve temperar a sua literalidade com os mecanismos narrativos da literatura imaginativa.

Um dos exemplos marcantes da necessidade dessa mediação — que mostra de que maneira o que é verdade literal pode ser de fato uma falsificação da realidade — é proporcionado pela gravação de uma fala. Quando falamos com alguém, não temos consciência da estranheza da linguagem que estamos usando. O nosso ouvido a aceita como a nossa própria língua, e só quando a vemos transcrita *verbatim* é que percebemos que se trata de uma espécie de língua estrangeira. O que o gravador revelou sobre a fala humana — que o *monsieur* Jourdain, de Molière, estava enganado: nós não falamos em prosa, apesar de tudo — é algo parecido ao que os estudos sobre o movimento feitos pelo fotógrafo Eadweard Muybridge, do século XIX, revelaram sobre a locomoção animal. A câmera rápida de Muybridge captou e congelou posições nunca vistas antes, e demonstrou que os artistas, ao longo de toda a história da arte, haviam estado "errados" nas suas representações de cavalos (entre outros animais) em movimento. Os artistas da época, em um primeiro momento perturbados pelas descobertas de Muybridge, recuperaram logo a equanimidade e continuaram a representar o que o olho via, e não a câmera. De maneira semelhante os romancistas de língua inglesa da era do gravador continuaram escrevendo diálogos em inglês, e não em gravadorês, e a maior parte dos jornalistas que trabalham com um gravador usa as transcrições de uma entrevista longa apenas como uma ajuda para a memória — como uma espécie de segunda oportunidade para tomar notas —, e não como um texto para ser citado. A transcrição não é uma versão terminada, mas uma espécie de rascunho da expressão. Como todos aqueles que estudaram transcrições de fala gravada sabem, todos parecemos extremamente relutantes em tomar coragem e dizer o que queremos dizer — daí a sintaxe bizarra, as hesitações, os circunlóquios, as repetições, as contradições e as lacunas em quase todas as não sentenças que pronunciamos.

O gravador abriu uma espécie de mundo submarino dos fenômenos linguísticos cujos Cousteaus ainda são desconhecidos do grande público. (Uma fascinante contribuição pioneira para este campo de pesquisa é um artigo de título ameaçador, "Exemplos de contratransferência da expressão sintática de conteúdo desviado", escrito por Hartwig Dahl, Virginia Teller, Donald Moss e Manuel Truhillo [*Psychoanalytic Quarterly*, 1978], que analisa a fala textual de um psicanalista durante uma sessão e mostra que a sua estranha sintaxe é uma forma encoberta de intimidar o paciente.) Mas este não é o mundo do discurso jornalístico. Quando um jornalista se propõe a citar alguém a partir de uma entrevista gravada, ele tem para com o entrevistado, não menos que com o leitor, o dever de traduzir a fala para a prosa. Só um jornalista muito pouco piedoso (ou muito incompetente) mantém as palavras literais do entrevistado e deixa de fazer aquela espécie de edição e reescritura que, na vida real, os nossos próprios ouvidos fazem automática e instantaneamente.

Por exemplo, quando perguntei ao dr. Michael Stone, um psiquiatra que foi testemunha da defesa no processo MacDonald--McGinniss, se ele achava que havia alguma possibilidade de MacDonald ser inocente, ele disse (ao gravador):

Não. Na verdade, eu esperava poder dizer — pois o juiz meio que roubou minha oportunidade de voltar a ser questionado — Dan [Daniel Kornstein, o advogado de defesa] disse que eu teria tempo de ser questionado de novo — então Bostwick astutamente consumiu todo o tempo com um monte de perguntas tolas de modo que — o juiz deixou-o ficar falando e falando — e aí no final não havia realmente mais tempo porque eu tinha que pegar um avião numa determinada hora. No entanto, o material que passei a Kornfeld, era que após examinar tudo aquilo e tendo meditado nesse material desde a noite em que fui pela primeira vez ao tribunal, eu tive uma espécie de percepção, ou algo assim, de que os quatro invasores representam, psicologicamente falando, a única verdade que MacDonald disse — que houve *mesmo* quatro invasores — mas, é claro, eles não eram exatamente como ele os descreveu — mas houve quatro pessoas que invadiram o estilo de vida hedonista — e — promíscuo que Jeff MacDonald levava — e quatro pessoas que, você sabe, se intrometeram na sua falta de disposição para ser um pai e um marido responsável, ou seja, Colette, Kristy, Kimberly e o filho que estava para nascer.

No meu texto, eu reproduzi isto assim:

Não. Na verdade — e isto também foi algo que não pude dizer no tribunal, pois Bostwick, astutamente, consumiu todo o tempo com um monte de perguntas tolas e eu tinha que pegar um avião — os quatro invasores que MacDonald afirmou serem responsáveis pelos assassinatos representam a única verdade, psicologicamente falando, que ele disse. Houve *mesmo* quatro pessoas que invadiram o estilo de vida hedonista e promíscuo que Jeff MacDonald levava: as quatro pessoas que se intrometeram na sua falta de disposição para ser um pai e um marido responsável, ou seja, Colette, Kristen, Kimberly e o filho que estava para nascer.

Antes da invenção do gravador nenhuma citação podia ser literal — é óbvio que aquilo que Boswell cita como as palavras do dr. Johnson não é exatamente o que este disse; nunca saberemos o que foi — e muitos jornalistas continuam a trabalhar sem o auxílio desse instrumento tecnológico de dois gumes, fazendo a sua obra de paráfrase e de edição na hora, enquanto rabiscam as suas notas. Nesta época litigiosa, tem sido muito útil para os jornalistas ter um registro eletrônico daquilo que o entrevistado disse. Mas essa razão extraliterária para se usar um gravador, bem como a mais tradicional de captar a qualidade da fala do entrevistado podem não ser benéficas o bastante — tanto para o texto quanto para o jornalista — para justificar o uso continuado do gravador nas entrevistas jornalísticas. Os textos que contêm monólogos ou diálogos feitos a partir de uma fita — por mais bem editada que seja a transcrição — tendem a conservar algum traço das suas origens (quase que um tom metálico) e carecem da atmosfera de veracidade presente no trabalho em que é o próprio ouvido do escritor que capta a direção do pensamento do entrevistado. E os processos em que são usadas transcrições de entrevistas gravadas para resolver a questão do que o entrevistado disse ou deixou de dizer podem degenerar (tal qual, na minha opinião, degenerou o processo *Masson versus Malcolm*) em grotescos bate-bocas sobre em que medida o jornalista pode trabalhar mais como um escritor do que como um mero estenógrafo.

As citações neste livro — e em qualquer outro trabalho jornalístico meu — não são, pelas razões apresentadas, idênticas a seus equivalentes na fala. Tampouco nenhuma delas é da variedade "provável" descrita por Joseph Wambaugh. Embora a técnica Wambaugh seja muito usada nos romances históricos — *"Mon Dieu"*, disse Richelieu, "quando o rei ouvir isso, vai ficar louco!" —, assim como nos romances "policiais verdadeiros" do próprio Wambaugh, ela está fora de questão para as obras que se veem como jornalísticas. Quando lemos uma citação em uma história de jornal ou em um texto como este, presumimos que se trata de uma representação daquilo que a pessoa citada disse de fato — e não talvez. A ideia de um repórter que inventa a fala em vez de relatá-la é repugnante e até mesmo sinistra. Devido ao fato de uma parte tão grande do nosso conhecimento do mundo derivar daquilo que lemos na imprensa, ficamos naturalmente nervosos quando se menciona a questão das citações errôneas. A fidelidade ao pensamento do entrevistado e à sua maneira característica de se expressar é uma condição *sine qua non* da citação jornalística — à qual se subordinam todas as considerações estilísticas. Felizmente, para o leitor e para o entrevistado, a tarefa relativamente menor de traduzir do gravadorês para a nossa língua e a importante responsabilidade da citação fidedigna não são de modo algum antagônicas; de fato, tal como já coloquei antes (e volto sempre a descobrir por mim mesma), elas são, de maneira fundamental e decisiva, complementares.

Venho escrevendo longos trabalhos de reportagem desde há pouco mais de dez anos. Desde o início, ou quase, eu me impressionei com o caráter pouco salutar do relacionamento jornalista--personagem, e a cada trabalho escrito se aprofundava a minha consciência do cancro que se oculta no cerne da rosa do jornalismo. Quando Daniel Kornstein e Joe McGinniss vieram a mim com o seu extraordinário exemplo da questão jornalista-personagem — um processo em que um homem que estava cumprindo uma pena de prisão perpétua por assassinato move uma ação contra um escritor que o enganou constrangidamente durante quatro anos —, isso veio ao encontro das reflexões que eu vinha fazendo há muitos anos e despertou a minha imaginação com as suas possibilidades narrativas. A ideia de que o meu relato do caso é um mal disfarçado relato da minha própria experiência de ser processada por uma personagem não só está errada como revela uma curiosa ingenuidade sobre a psicologia dos jornalistas. O traço dominante e mais profundamente marcado do jornalista é o seu acanhamento. Enquanto o romancista se atira sem temor às águas da autoexibição, o jornalista fica tremendo na beira, dentro do seu roupão. A extenuante ginástica de expor as próprias dores e vergonhas mais profundas perante o mundo — tarefa diária do romancista — não é para ele. O jornalista limita--se ao trabalho limpo, cavalheiresco, de expor as dores e as vergonhas alheias. Foi precisamente porque o processo de MacDonald não tinha nada em comum com o de Masson que eu me atrevi a escrever sobre ele (e, diga-se de passagem, será que eu estaria em condições, como ré, de ver com simpatia a causa de um queixoso?). O processo MacDonald-McGinniss não tinha precedentes, pois dizia respeito à conduta pessoal do escritor para com a personagem — nenhum outro processo havia ainda vasculhado a bagunça dessa gaveta específica; o caso *Masson versus Malcolm* limitou-se a um texto publicado. Que alguns leitores pudessem mesmo assim achar que o presente livro fosse uma autobiografia velada (considerando por isso incompleto o meu texto, por não mencionar o processo de Masson) é devido, tal como passei a acreditar, a uma concepção equivocada sobre a identidade da personagem chamada de "eu" em uma obra jornalística. Ao contrário de todas as demais personagens do jornalista, esta é a exceção à regra que determina que nada pode ser inventado: no jornalismo, a personagem "eu" é quase pura invenção. Ao contrário do "eu" da autobiografia, que tem o propósito de ser visto como uma representação do escritor, o "eu" do jornalismo está ligado ao escritor de maneira apenas vaga — a mesma que, digamos, liga o Superman a Clark Kent. O "eu" jornalístico é um narrador de toda a confiança, um funcionário ao qual foram confiadas as tarefas cruciais da narração, do roteiro e do tom, uma criação *ad hoc*, como o coro de uma tragédia grega. Ele é uma figura emblemática, uma encarnação da ideia do observador imparcial da vida. Apesar disso, mesmo os leitores que aceitam prontamente a ideia de que o narrador em uma obra de ficção não seja a mesma pessoa que o autor do livro resistem teimosamente à noção do "eu" inventado do jornalismo; e até entre os jornalistas há aqueles que têm dificuldades em diferenciar-se do Superman nos seus textos. Houve um momento, durante a minha conversa com o professor-jornalista Jeffrey Elliot, em que essa confusão surgiu de maneira nítida. Elliot contou-me da sua indignação a respeito de um episódio de *Fatal vision* — que apareceu também na versão filmada do livro — em que MacDonald e os membros da sua equipe de defesa em Raleigh divertiam-se na festa de aniversário de Bernie Segal atirando dardos contra uma fotografia ampliada de Brian Murtagh, um irritante promotor público. McGinniss escreveu:

Um por um, cada um dos membros da equipe de defesa atirou dardos contra a imagem. Jeffrey MacDonald acertou em cheio. Gritou aplaudindo a si mesmo, enquanto os advogados dele, e os assistentes destes, batiam palmas e riam. De excelente humor, ele parecia não se dar conta de que, naquelas circunstâncias, podia não ser apropriado ele estar atirando um objeto pontiagudo contra um ser humano, mesmo que em uma fotografia.

Na versão para o cinema, MacDonald é visto atirando os dardos, enquanto McGinniss olha para a cena, carrancudo. No primeiro depoimento de McGinniss, Gary Bostwick perguntou-lhe se ele havia atirado dardos durante aquela festa, e McGinniss respondeu: "Não me lembro". Durante o julgamento do caso Mac-Donald-McGinniss, Segal testemunhou que se lembrava de que McGinniss *sim* havia atirado um dardo. Elliot exclamou, indignado: "Como é possível escrever um livro e servir de consultor para um filme em que você se mostra de pé em um canto em uma festa de aniversário, olhando para MacDonald atirando dardos na cara do promotor — parado ali, com ares de quem achasse aquilo repulsivo — quando na verdade você não estava assistindo consternado, mas atirando dardos como todos os outros?". E continuou: "É desonesto. Depois você usa essa cena para fazer com que MacDonald pareça ser perverso e malvado, e que você é um caráter puro que está apenas assistindo, horrorizado. Mas se você também atirou dardos, então não escreva a cena. Porque vão ficar sabendo que você atirou".

"Não, não vão", disse (o verdadeiro) eu a Elliot. "Até o processo de MacDonald, ninguém nunca pensou em contestar a conduta pessoal de um jornalista do modo como Bostwick contestou a de McGinniss."

"Estou certo de que McGinniss não achou que a dele seria."

"É isso mesmo."

"Bem, é ultrajante."

O exame feito por Bostwick da discrepância entre a personagem "eu" de *Fatal vision* e o homem que escreveu o livro é o que torna esse processo singular e lhe empresta o seu caráter subversivo. Kornstein tinha razão em caracterizá-lo como uma ameaça ao jornalismo. Se os jornalistas tiverem que começar a imitar proleticamente o comportamento da "personagem pura" na qual ele se transformará no texto a ser feito, ficarão de mãos atadas. O oximoro "observador participante" foi cunhado para descrever o trabalho de campo dos antropólogos e sociólogos; descreve também o trabalho de campo dos jornalistas. Como McGinniss participou mais plena e intensamente na cultura da sua personagem que a maioria dos jornalistas tem ocasião de fazer — quantos de nós vivemos com uma personagem por seis semanas, acompanhando-a diariamente a um julgamento por assassinato, fazendo com ela uma transação comercial e escrevendo para ela na prisão durante três anos? —, ele ficou mais vulnerável que a maioria à acusação de duplicidade em que Bostwick baseou o seu caso. Aquilo que McGinniss fez às claras, a maior parte dos jornalistas faz com mais sutileza e discrição. Houve colegas que me disseram: "Eu nunca faria o que McGinniss fez. Não sou desse tipo de escritor. Eu ficaria triste se causasse aflição a uma personagem" — como se aquilo que *escrevemos* fosse a questão. A ambiguidade moral do jornalismo não está nos seus textos, mas nas relações das quais estes surgem — relações que, de maneira invariável e inevitável, são desiguais. As personagens "boas" em um trabalho jornalístico não são menos produto do poder pouco inocente do jornalista sobre a outra pessoa que as personagens "más". Durante as minhas tratativas amistosas com Gary Bostwick, eu sempre soube que tinha a opção de escrever algo que seria causa de aflição para ele, e ele também sabia disso, o que dava à nossa "falsa amizade" um tipo estimulante de constrangimento, mas de modo algum alterava a estrutura autoritária do nosso relacionamento. Ele estava totalmente à minha mercê. Eu tinha todas as cartas na mão. Sim, ele havia consentido que escrevessem sobre ele, sim, ele tinha esperanças de ganhar alguma coisa com o nosso encontro. O fato de que a personagem possa estar tentando manipular o jornalista — e ninguém, a não ser a mais desligada das personagens, está acima de pelo menos um pouco de espírito manipulativo — não apaga os pecados do próprio jornalista contra o espírito da liberdade. "Dois erros não fazem um acerto", tal como gostava de dizer o popul_aresco Bostwick, citando a própria mãe. Por acaso, a agenda pessoal e a minha agenda narrativa coincidiram; se não tivessem coincidido, é provável que eu tivesse posto o que eu considero serem os interesses dos leitores acima das suscetibilidades de Bostwick — mas não necessariamente: no meu tempo, eu também cometi o solecismo jornalístico de colocar os sentimentos de uma pessoa acima das necessidades do texto.

Existe uma infinidade de maneiras pelas quais os jornalistas enfrentam o impasse moral que é tema deste livro. Os mais sensatos sabem que o melhor que podem fazer — e a maioria dos profissionais evita com facilidade a hipocrisia grosseira e gratuita do caso MacDonald-McGinniss — ainda não é o bastante. Os não tão sensatos, como é de hábito, preferiram acreditar que não existe nenhum problema, e que já o resolveram.

POSFÁCIO DA EDIÇÃO BRASILEIRA

Janet Malcolm, a narrativa impossível

Otavio Frias Filho

Joe McGinniss, o jornalista que aparece no título e atua como vilão deste livro, certa noite foi à casa do escritor William Styron para entrevistá-lo. Conversaram e beberam até bem tarde, e McGinniss aceitou o convite do anfitrião para pernoitar. Na manhã seguinte, o jornalista acordou com fome. Como não havia mais ninguém na casa e o dono ainda dormia, ele foi à cozinha e abriu a geladeira, onde encontrou uma lata de carne de caranguejo.

Styron havia mencionado a lata na véspera. Era uma iguaria cara e rara, reservada para alguma ocasião especial. McGinniss abriu a lata, pegou farinha, molho inglês, tabasco, ovos e creme. Usou todo o caranguejo para preparar e assar uma torta, que serviu ao estupefato Styron quando ele se levantou. Depois do choque inicial, o entrevistado comeu, embora observasse em tom de lamento que "essa carne de caranguejo tem um sabor muito delicado".

Descrito pelo próprio McGinniss, o incidente é pinçado por Janet Malcolm para servir como uma de suas violentas metáforas sobre a relação entre jornalista e entrevistado. A tenra carne de caranguejo é a vida do entrevistado e sua versão sobre os fatos de que participou. A gororoba servida pelo jornalista — diz Janet Malcolm — é consequência de um furto prometeico, semelhante ao vandalismo que McGinniss cometeu na geladeira de sua vítima.

Janet Malcolm escreveu oito livros, baseados em labirínticas reportagens publicadas na revista *The New Yorker*. Seu assunto pode ser o legado de escritores como Anton Tchekhov, Gertrude Stein e Sylvia Plath, a disputa pelo acesso aos arquivos de Freud ou processos judiciais que causaram comoção nos Estados Unidos, como no caso deste *O jornalista e o assassino*. O tema subjacente, porém, é sempre o próprio jornalismo.

Não o jornalismo noticioso, dos furos de reportagem obtidos e relatados às pressas, da informação como serviço público de primeira necessidade. Mas um jornalismo mais extensivo e elaborado, situado já nas vizinhanças da biografia, do ensaio e da crítica literária. Mesmo nessas alturas rarefeitas, porém, subsiste a relação crucial entre aquele que narra e aquele que é objeto da narração, entre escritor e fonte. A autora argumenta que essa é uma relação de poder em que a fonte é invariavelmente prejudicada.

Nascida em Praga, em 1934, numa família judia levada pelo pai psiquiatra para os Estados Unidos em 1939, Janet Malcolm estudou na High School of Music And Art de Nova York e na Universidade de Michigan. Aos 29 anos, começou a trabalhar na *New Yorker*, escrevendo inicialmente sobre decoração, design, compras e fotografia. A partir dos anos 1970 passou a colaborar também na *New York Review of Books*. Vive em Nova York.

O jornalista americano Murray Kempton (1917-97) disse que o trabalho dos editorialistas — autores de comentários opinativos e judiciosos, em geral não assinados — é "descer das colinas depois da batalha para matar os feridos". Nos termos dessa imagem, Janet Malcolm desce para ouvir o que os moribundos têm a dizer. Ela exuma as versões sepultadas nas diversas narrativas, mostrando a intrincada rede de conflitos, acidentes e compromissos que as engendrou. Publicado em 1990, *O jornalista e o assassino* é sua principal obra.

Em 1970, Jeffrey MacDonald, um médico então a serviço do Exército americano, foi acusado de matar a mulher grávida e as duas filhas pequenas na casa da família, na Carolina do Norte. As vítimas haviam sido trucidadas a golpes de bastão e faca. Ferido superficialmente na cena do crime, MacDonald alegou que a casa fora invadida por delinquentes drogados e que ele desmaiara ao ser atingido pelos criminosos.

Anos mais tarde, quando o réu aguardava novo julgamento depois de absolvido num tribunal militar, o jornalista Joe Mc-Ginniss o procurou para uma entrevista. MacDonald gostou tanto de McGinniss que sugeriu a ele escrever um livro sobre o caso. O acusado franquearia livre acesso ao repórter, inclusive às reuniões com seus advogados. Parte dos adiantamentos e ganhos com o livro seria repassada pelo autor a MacDonald, a fim de custear a defesa.

O acordo foi cumprido. Durante quatro anos o jornalista conviveu com o réu. Trocavam correspondência e frequentavam-se como amigos. Todas as aparências indicavam que McGinniss confiava na inocência de MacDonald. *Fatal vision* foi lançado com estardalhaço em 1983. Mas suas quase setecentas páginas eram um libelo contra MacDonald, apresentado do início ao fim sob luz desfavorável e enquadrado na categoria psiquiátrica de "narcisista patológico".

Embora condenado à prisão perpétua, MacDonald, que sempre se declarou inocente, processou McGinniss pelo livro. Sustentava que o relato era distorcido e que o autor abusara de sua boa-fé, fazendo crer que escrevia uma narrativa sobre sua inocência enquanto preparava o retrato de um psicopata. Insinuara-se em sua intimidade a fim de colher aspectos aptos a incriminá-lo. Nos Estados Unidos, o júri tem de decidir por unanimidade, o que não aconteceu neste processo. Antes de ocorrer novo julgamento, McGinniss pagou 325 mil dólares a MacDonald, encerrando a pendência.

Esses são os fatos. Mas Janet Malcolm não está interessada neles. Embora seja meticulosa e detalhista quanto a fatos, ela ressalta a dificuldade de saber a verdade sobre qualquer coisa. Pode-se examinar um incidente com máximo cuidado, ela escreve, "tal como os investigadores passaram anos trabalhando com o assassinato da família MacDonald, e no fim não obter nenhuma resposta segura sobre o que 'realmente' aconteceu". O foco de Janet Malcolm é o emaranhado de versões e a luta de seus autores para fazer a sua prevalecer.

Isso não significa que ela cultive uma atitude de neutralidade ou indiferença como narradora. Empenha-se em ler todo material disponível sobre o assunto e registrar em longos e sucessivos encontros o que suas personagens têm a dizer. Mas não é raro que tome partido (no caso deste livro, a favor do "assassino" e contra o "jornalista"), deixando explícito que entre fato e relato se interpõe o filtro da personalidade de quem escreve.*

Sua capacidade de observação, descrição e síntese é prodigiosa. Críticos que resenharam seus livros mencionam o temor imaginário de um dia recebê-la em casa, já que Janet Malcolm parece capaz de deduzir todo o caráter de uma pessoa a partir de um relance de olhos por sua sala de estar. Seu texto é rápido, vigoroso, rico em referências cultas, observações argutas e metáforas inspiradas. Embora a narrativa às vezes se perca em meio à massa de detalhes que esmiúça, ela tem a facilidade aparente do bom romancista para prender a atenção do leitor.

Malcolm compara seu método à "observação participante" dos antropólogos. Na realidade, ela explora um gênero de fecunda tradição no jornalismo americano desde meados do século passado. Foi na própria *New Yorker* (e mais tarde na revista *Esquire*) que esse gênero se desenvolveu na forma de reportagens extensas e minuciosas depois convertidas em livro, escritas por autores hoje considerados clássicos como John Hersey (*Hiroshima*), Lillian Ross (*Filme*), Truman Capote (*A sangue frio*) e Joseph Mitchell

---

* Em homenagem aos bons hábitos do jornalismo, convém informar o leitor de que Joe McGinniss respondeu a Janet Malcolm no epílogo de uma reedição de seu livro *Fatal vision* (em 1989). Afirma ali que *O jornalista e o assassino* contém "numerosas omissões, distorções e rematadas falsidades". Justifica sua atitude perante Jeffrey MacDonald afirmando que acreditava no início em sua inocência, mas que a preparação do livro fora também um longo percurso, segundo ele penoso, que o conduziu à conclusão contrária. E sugere, com malícia e sem elegância, que Malcolm, "como muitas mulheres", seria fascinada por homens condenados por crimes violentos, "especialmente contra mulheres". Como evidência, cita a passagem do livro em que a autora, a propósito das cartas que trocou com o condenado, compara toda correspondência a um "caso de amor".

(*O segredo de Joe Gould*) — este último citado por Janet Malcolm, numa das raras entrevistas que concedeu, como "influência e inspiração". Aos precursores do que se passou a chamar de "jornalismo literário" viriam juntar-se, nos anos 1960-70, autores como Norman Mailer, Tom Wolfe e Gay Talese.

Como o termo indica, esses escritores-jornalistas incorporaram recursos da literatura ao jornalismo que faziam. Ao contrário do jornalismo tradicional, em que são banidas, as impressões que os fatos provocam na sensibilidade do narrador são descritas com fidelidade igual à empregada no manejo dos próprios fatos. Diálogos são transcritos em profusão. Cenas específicas e pormenores singulares, dada sua expressividade, ganham relevo desproporcional ao conjunto. Não existe um resumo noticioso no início do texto, que é urdido passo a passo, compondo um tecido complexo que esgota o assunto por saturação.

Ao contrário do que parece, é um tipo de jornalismo difícil de realizar. Não basta reproduzir as reações subjetivas do jornalista durante a apuração. Cada reportagem dessas demanda tempo (meses, às vezes anos de intenso trabalho) para ser bem-feita. Requer exatidão e distanciamento por parte do jornalista, sem os quais ele produzirá um mero panfleto, e a misteriosa habilidade de conservar vivo o interesse da narrativa durante uma leitura demorada, exigente.

Com Janet Malcolm, esse gênero submete-se a um brutal autoexame em seus objetivos, métodos e valores. As reflexões da autora são imbuídas de certo fatalismo ao convergir para um problema que seria estrutural: a "falsidade que está embutida no relacionamento entre escritor e personagem e sobre a qual nada pode ser feito".

A fonte — seja ela objeto de entrevista, biografia ou perfil — reitera a sua versão dos fatos de modo prolixo e obsessivo, convencida de que aquele relato corresponde exatamente à verdade. Procura por todos os meios influenciar, iludir e manipular o jornalista, para ela uma valiosa peça no contra-ataque ao imenso maquinismo posto em funcionamento para esmagar a sua história, a única legítima.

Ocorre que são raras, diz Malcolm, as personagens pertencentes "àquela maravilhosa raça de autoficcionistas, como o Joe Gould de Mitchell ou o Perry Smith de Truman Capote [...] que fazem grande parte do trabalho pelo escritor, mediante sua própria autoinvenção". Joe Gould (mendigo escritor), Perry Smith (assassino confesso) e seus similares na vida real tendem a ser "chatos prolixos e malucos patéticos" que apenas por meio da condensação literária realizam a ambição para a qual "na realidade eles apenas acenam grotescamente".

De acordo com Janet Malcolm, somente o escritor de ficção é fiel à verdade, pois os "fatos" que relata no texto existem em sua imaginação tal como ele os descreve (será?). Já o escritor não ficcional, quando resume, seleciona e edita a loquacidade da fonte, acaba traindo a confiança que lhe foi emprestada ao substituir a versão dela pela sua, porque esta é mais interessante e serve melhor aos propósitos da história vertida em texto. Estamos sempre no reino das versões, já que a verdade é postulada como inalcançável.

Ninguém que tenha escrito sobre Janet Malcolm deixa de citar a famosa frase de abertura deste livro: "Qualquer jornalista que não seja demasiado obtuso ou cheio de si para perceber o que está acontecendo sabe que o que ele faz é moralmente indefensável". Numa escritora tão sensível a nuances e tão precisa no uso das palavras, esse é um juízo drástico, com um timbre algo sensacionalista, como se o objetivo fosse provocar a agitada reação, que de fato sobreveio, de polêmica e também de hostilidade em relação à autora entre seus colegas.

Perguntou-se, com toda lógica, se acaso seria defensável que ela declarasse imoral um gênero que não obstante seguia praticando. Por mais que seu intento fosse problematizar os fundamentos de uma linhagem prestigiosa, considerada a forma mais elevada de jornalismo, a própria Malcolm, ao utilizar os procedimentos e recursos que condenava, incidia na mesma atitude "moralmente indefensável". Tampouco se poderia ressalvar que o caso abordado em sua investigação fosse excepcional ou aberrante, pois ela deixa expressa, no final deste livro, sua opinião de que McGinniss fizera às claras o que "a maior parte dos jornalistas faz com mais sutileza e discrição".

Sua crítica, embora se concentre no jornalismo, é radical a ponto de alcançar todas as formas de narrativa, igualmente inconfiáveis, com a exceção, como vimos, das estritamente ficcionais. Em seu livro sobre Tchekhov, por exemplo, publicado em 2001, Janet Malcolm reconstitui a cena da morte do grande escritor russo na noite de 2 de julho de 1904, num exercício fascinante de crítica comparada.

Tchekhov morreu num quarto de hotel na Alemanha, vítima de longa tuberculose, na presença de sua mulher, Olga Knipper, de um médico alemão e de um estudante russo conhecido da família. Segundo o relato da mulher, publicado poucos anos depois, Tchekhov disse ao doutor: "Ich sterbe" [Estou morrendo]. O médico ministrou-lhe uma injeção de cânfora e pediu champanhe. Serviu um copo ao doente, que se ergueu na cama para bebê-lo inteiro, dizendo à mulher que fazia tempo desde que tomara champanhe. Em seguida, recostou a cabeça e expirou.

Num segundo relato, posterior ao primeiro, Olga acrescentou dois detalhes que têm voltagem literária. Uma "grande mariposa irrompeu no quarto como um redemoinho" e logo depois, quando o doutor deixou o aposento, "no calor da noite a rolha recolocada na garrafa de champanhe saltou com um terrível estampido". Outros pormenores foram divulgados pelo médico e publicados na imprensa nos dias seguintes à morte, e pelo estudante russo quando este, décadas após o episódio, resolveu fixar suas lembranças por escrito.

Depois de apresentar esse material primário, Malcolm reproduz a cena da morte tal como figura em nada menos do que oito biografias de Tchekhov. Em algumas, os tons melodramáticos são enfatizados e os lances de mais rendimento se encompridam; em outras, detalhes propícios são supridos pela fantasia do biógrafo. Certos itens — champanhe, "Ich sterbe" — voltam em meio às variações narrativas como motivos musicais.

O leitor sai da experiência persuadido de que Tchekhov morreu de forma não muito diversa da narrada (não há discrepâncias relevantes entre os relatos), mas também de que sua morte, tal como realmente ocorreu, jamais será conhecida. Malcolm deduz dessa cena a trivialidade de toda biografia, e filosofa que o âmago morre conosco, o que perdura é a casca.

Antes de trabalhar no que viria a ser *O jornalista e o assassino*, nossa autora passara pela mesma situação de Joe McGinniss, quando também se viu processada pelo protagonista bastante real de um livro seu, *In the Freud archives*, de 1983. Essa investigação trata da mirabolante e algo humorística luta pelo acesso e controle dos arquivos pessoais de Sigmund Freud, o criador da psicanálise, preservados por sua filha Anna num grande armário na casa em que seu pai morrera, em Londres.

Os documentos estavam sob a guarda de uma sumidade na ortodoxia psicanalítica, K.R. Eissler. Espécie de rei Lear, o idoso Eissler sentia que o encargo lhe pesava e procurava um sucessor confiável. Deixou-se seduzir por um jovem e talentoso *scholar*, Jeffrey Moussaieff Masson, especialista em sânscrito na Universidade de Toronto, no Canadá, que abandonara a disciplina para se dedicar com paixão à história da psicanálise. Eissler transferiu então a Masson o posto de secretário dos arquivos de Freud.

Quando dava os primeiros passos na elaboração da teoria psicanalítica, nos últimos anos do século XIX, Freud se correspondia com um médico berlinense, Wilhelm Fliess, a quem relatava o andamento de suas pesquisas. Mais tarde, o pai da psicanálise destruiu as cartas de Fliess, mas este conservou as do amigo eminente. Depois de um rocambolesco percurso em que foram dadas como perdidas na Segunda Guerra Mundial, as cartas reapareceram. Foram parcialmente editadas em 1950. Masson estava autorizado a publicá-las na íntegra.

A correspondência Freud-Fliess cobre o delicado período em que o psicólogo visionário abandonou a chamada teoria da sedução. Com base no depoimento dos primeiros pacientes, Freud concluíra que a origem de suas neuroses remontava a algum episódio de abuso sexual de que haviam sido alvo quando crianças. Subitamente, porém, ele mudou de ideia, passando a acreditar que tais episódios não haviam acontecido na realidade, mas eram projeções fantásticas de desejos incestuosos reprimidos na infância. Tal mudança é essencial no cânone psicanalítico por ter dado ensejo à formulação do complexo de Édipo, que estruturou todo o desenvolvimento posterior da teoria.

Enquanto preparava a edição das cartas, Masson chegou à alarmante certeza de que Freud não alterara o rumo de seu pensamento por convicção, mas por oportunismo, depois de a teoria da sedução ter sido repelida pela comunidade médica de Viena. As notórias evidências de que sua nova hipótese suscitara repulsa ainda mais veemente que a anterior não abalaram a opinião que Masson passou a advogar com o entusiasmo e a eloquência que lhe eram característicos.

Eissler rompe relações com o pupilo traidor e o destitui do cargo de gestor dos arquivos. Nesse ponto entra em cena outro aventureiro, Peter Swales, ex-assistente da banda Rolling Stones e autodidata erudito em psicanálise, que tenta envolver o iludível Eissler exatamente como Masson fizera pouco antes. Os especialistas em Freud parecem agora arqueólogos que rivalizam pelo achado do tesouro, como numa história de Indiana Jones. (Em seu livro sobre a luta em torno da "história" de Sylvia Plath, Malcolm diz, com efeito, que "cartas são fósseis dos sentimentos", sempre muito cobiçadas por biógrafos.)

No ano seguinte ao lançamento do livro de Janet Malcolm sobre todo esse imbróglio, Masson entrou na Justiça contra a autora, acusada de atribuir a ele, por má-fé, declarações errôneas. Num passo embaraçoso, a jornalista não conseguiu apresentar em juízo anotações de três das declarações contestadas (posteriormente, disse ter encontrado o caderno em que constavam tempos depois de encerrado o caso, no sótão de sua casa). Mesmo assim, após dez anos de processo, no qual Masson pedia 11 milhões de dólares como reparação, Malcolm foi absolvida. Quando saiu *O jornalista e o assassino*, especulou-se que escrevera o livro como uma estranha forma de expiação do processo que Masson lhe impingira.

Esse é um ângulo interessante não somente porque o repertório cultural de Janet Malcolm é lastreado na psicanálise — o generoso estoque de ferramentas a que ela recorre quando confrontada com qualquer obstáculo intelectual — mas porque são numerosas em seus escritos as analogias entre a relação psicoterapêutica e a narração não ficcional.

Ela diz, por exemplo, que o encontro jornalístico tem sobre o indivíduo "o mesmo efeito regressivo que a psicanálise": ele é filho do escritor, considerado como mãe permissiva, mas o livro será escrito pelo pai severo. Em outra passagem, Malcolm compara novamente as fontes ao paciente psicanalítico: repetem a mesma história não importa para qual repórter, para qual analista. E acrescenta que no discurso desconexo do entrevistado as mensagens se transmitem de modo elíptico, assim como nos sonhos.

Malcolm considera que existe algo de literário na neurose, e que o trabalho da psicanálise é solapar essa estrutura dramática ou decompor seu enredo, "de um romance gótico, digamos, para uma comédia doméstica", devolvendo à pessoa "a liberdade de ser desinteressante". Nesse sentido, jornalista e analista atuariam em direções exatamente opostas.

"As personagens não ficcionais", escreveu, "não menos que as ficcionais, derivam dos desejos mais idiossincráticos e das ansiedades mais profundas do escritor." Em autora tão impregnada pela mentalidade psicanalítica, não é surpresa que sua própria obra revele, aqui e ali, resíduos do que terá sido seu romance familiar. Na maior parte de seus trabalhos é possível discernir certas personagens-chave que voltam à cena sob diferentes disfarces. Podemos chamá-las de *o aventureiro sedutor* (McGinniss, Masson, Peter Swales, Ted Hughes no livro sobre Sylvia Plath, Bernard Faÿ no livro sobre Gertrude Stein), *a vítima incauta* (MacDonald, Eissler, o "espírito" de Sylvia Plath) e *o guardião do tesouro* (Eissler e MacDonald de novo, a irmã de Ted Hughes). No cerne de suas turbulentas relações está a confiança outorgada e traída. Prosseguir nessas especulações seria usurpar as funções do psicanalista e adentrar numa seara ao abrigo de todo leitor.

Depois de redigir a maldição bíblica contida na primeira frase deste livro, Janet Malcolm ironiza os jornalistas que se absolvem da invectiva recorrendo a princípios pomposos como "liberdade de expressão" ou "direito do público de saber". Sem prejuízo de sua crítica devastadora, é neste ponto que o jornalismo noticioso — vulgar, superficial, feito às pressas — recobra seus direitos.

Pois toda discussão sobre jornalismo cedo ou tarde se depara com o velho conflito entre dois valores, o direito de livre acesso às informações de interesse público e o direito das personagens do noticiário à sua própria versão dos fatos. Sempre haverá uma solução empírica e acomodatícia para as manifestações desse dilema. É duvidoso que o primeiro dos dois valores deva predominar quando se trata de saber da intimidade sexual de Sylvia Plath ou das batalhas de vaidade travadas entre psicanalistas. Mas essa dúvida se dissipa em grande parte quando se trata da notícia clássica, aquela que concerne e preocupa todo mundo.

Quanto ao jornalismo literário, poucos o terão levado a uma consecução tão requintada como Janet Malcolm — e decerto ninguém o sujeitou a escrutínio tão exaustivo. Para discorrer sobre as ambições frustradas de todo narrador, ela evoca a conclusão de "O aleph", conto de Jorge Luis Borges em que o protagonista vai a um porão de onde pode ver nada menos do que tudo sob todos os ângulos. "Mas como ver todas as formigas do planeta", ela se pergunta, "quando se usam os antolhos da narrativa?" A resposta, precária, é que sabemos com razoável certeza como foi que Tchekhov morreu. E sabemos muito sobre sua morte, quase mais do que precisaríamos, depois de ler Janet Malcolm.

JANET MALCOLM nasceu em Praga, em 1934, e emigrou com a família para os Estados Unidos em 1939. Vive atualmente em Nova York e trabalha na revista *New Yorker*. É autora, entre outros, dos livros de reportagem *A mulher calada*, *Psicanálise: a profissão impossível*, *Nos arquivos de Freud* e *Duas vidas: Gertrude e Alice*.

COMPANHIA DE BOLSO

Jorge AMADO
Capitães da Areia

Hannah ARENDT
Homens em tempos sombrios

Philippe ARIÈS, Roger CHARTIER (Orgs.)
*História da vida privada 3 — Da
Renascença ao Século das Luzes*

Karen ARMSTRONG
Em nome de Deus
Uma história de Deus
Jerusalém

Paul AUSTER
O caderno vermelho

Marshall BERMAN
Tudo que é sólido desmancha no ar

Jean-Claude BERNARDET
*Cinema brasileiro: propostas para uma
história*

David Eliot BRODY, Arnold R. BRODY
*As sete maiores descobertas científicas da
história*

Bill BUFORD
Entre os vândalos

Jacob BURCKHARDT
A cultura do Renascimento na Itália

Peter BURKE
Cultura popular na Idade Moderna

Italo CALVINO
O barão nas árvores
O cavaleiro inexistente
Fábulas italianas
Um general na biblioteca
Por que ler os clássicos
O visconde partido ao meio

Elias CANETTI
O jogo dos olhos
A língua absolvida
Uma luz em meu ouvido

Bernardo CARVALHO
Nove noites

Jorge G. CASTAÑEDA
Che Guevara: a vida em vermelho

Ruy CASTRO
Chega de saudade
Mau humor

Louis-Ferdinand CÉLINE
Viagem ao fim da noite

Jung CHANG
Cisnes selvagens

Catherine CLÉMENT
A viagem de Théo

J. M. COETZEE
Infância

Joseph CONRAD
Coração das trevas
Nostromo

Robert DARNTON
O beijo de Lamourette

Charles DARWIN
*A expressão das emoções no homem e nos
animais*

Jean DELUMEAU
História do medo no Ocidente

Georges DUBY (Org.)
*História da vida privada 2 — Da Europa
feudal à Renascença*

Mário FAUSTINO
O homem e sua hora

Rubem FONSECA
Agosto
A grande arte

Meyer FRIEDMAN,
Gerald W. FRIEDLAND
As dez maiores descobertas da medicina

Jostein GAARDER
O dia do Curinga
Vita brevis

Jostein GAARDER, Victor HELLERN,
Henry NOTAKER
O livro das religiões

Fernando GABEIRA
O que é isso, companheiro?

Luiz Alfredo GARCIA-ROZA
O silêncio da chuva

Eduardo GIANNETTI
Auto-engano
Vícios privados, benefícios públicos?

Edward GIBBON
Declínio e queda do Império Romano

Carlo GINZBURG
  Os andarilhos do bem
  O queijo e os vermes
Marcelo GLEISER
  A dança do Universo
Tomás Antônio GONZAGA
  Cartas chilenas
Philip GOUREVITCH
  Gostaríamos de informá-lo de que amanhã
  seremos mortos com nossas famílias
Milton HATOUM
  Cinzas do Norte
  Dois irmãos
  Relato de um certo Oriente
Eric HOBSBAWM
  O novo século
Albert HOURANI
  Uma história dos povos árabes
Henry JAMES
  Os espólios de Poynton
  Retrato de uma senhora
Ismail KADARÉ
  Abril despedaçado
Franz KAFKA
  O castelo
  O processo
John KEEGAN
  Uma história da guerra
Amyr KLINK
  Cem dias entre céu e mar
Jon KRAKAUER
  No ar rarefeito
Milan KUNDERA
  A arte do romance
  A identidade
  A insustentável leveza do ser
  O livro do riso e do esquecimento
  A valsa dos adeuses
Primo LEVI
  A trégua
Danuza LEÃO
  Na sala com Danuza
Paulo LINS
  Cidade de Deus
Gilles LIPOVETSKY
  O império do efêmero

Claudio MAGRIS
  Danúbio
Naghib MAHFOUZ
  Noites das mil e uma noites
Janet MALCOLM (JORNALISMO LITERÁRIO)
  O jornalista e o assassino
Javier MARÍAS
  Coração tão branco
Ian MCEWAN
  O jardim de cimento
Heitor MEGALE (Org.)
  A demanda do Santo Graal
Evaldo Cabral de MELLO
  O negócio do Brasil
  O nome e o sangue
Patrícia MELO
  O matador
Luiz Alberto MENDES
  Memórias de um sobrevivente
Jack MILES
  Deus: uma biografia
Ana MIRANDA
  Boca do Inferno
Vinicius de MORAES
  Livro de sonetos
  Antologia poética
Fernando MORAIS
  Olga
Toni MORRISON
  Jazz
Vladimir NABOKOV
  Lolita
V. S. NAIPAUL
  Uma casa para o sr. Biswas
Friedrich NIETZSCHE
  Além do bem e do mal
  Ecce homo
  Genealogia da moral
  Humano, demasiado humano
  O nascimento da tragédia
Adauto NOVAES (Org.)
  Ética
  Os sentidos da paixão
Michael ONDAATJE
  O paciente inglês
Malika OUFKIR, Michèle FITOUSSI
  Eu, Malika Oufkir, prisioneira do rei

Amós OZ
A caixa-preta

José Paulo paes (Org.)
Poesia erótica em tradução

Georges PEREC
A vida: modo de usar

Michelle PERROT (Org.)
História da vida privada 4 — Da Revolução Francesa à Primeira Guerra

Fernando PESSOA
Livro do desassossego
Poesia completa de Alberto Caeiro
Poesia completa de Álvaro de Campos
Poesia completa de Ricardo Reis

Ricardo PIGLIA
Respiração artificial

Décio PIGNATARI (Org.)
Retrato do amor quando jovem

Edgar Allan POE
Histórias extraordinárias

Antoine PROST, Gérard VINCENT (Orgs.)
História da vida privada 5 — Da Primeira Guerra a nossos dias

Darcy RIBEIRO
O povo brasileiro

Edward RICE
Sir Richard Francis Burton

João do RIO
A alma encantadora das ruas

Philip ROTH
Adeus, Columbus
O avesso da vida

Elizabeth ROUDINESCO
Jacques Lacan

Arundhati ROY
O deus das pequenas coisas

Murilo RUBIÃO
Murilo Rubião — Obra completa

Salman RUSHDIE
Haroun e o Mar de Histórias
Os versos satânicos

Oliver SACKS
Um antropólogo em Marte
Vendo vozes

Carl SAGAN
Bilhões e bilhões
Contato
O mundo assombrado pelos demônios

Edward W. SAID
Orientalismo

José SARAMAGO
O Evangelho segundo Jesus Cristo
O homem duplicado
A jangada de pedra

Arthur SCHNITZLER
Breve romance de sonho

Moacyr SCLIAR
A majestade do Xingu
A mulher que escreveu a Bíblia

Amartya SEN
Desenvolvimento como liberdade

Dava SOBEL
Longitude

Susan SONTAG
Doença como metáfora / AIDS e suas metáforas

I. F. STONE
O julgamento de Sócrates

Keith THOMAS
O homem e o mundo natural

Drauzio VARELLA
Estação Carandiru

John UPDIKE
As bruxas de Eastwick

Caetano VELOSO
Verdade tropical

Erico VERISSIMO
Clarissa
Incidente em Antares

Paul VEYNE (Org.)
História da vida privada 1 — Do Império Romano ao ano mil

XINRAN
As boas mulheres da China

Ian WATT
A ascensão do romance

Raymond WILLIAMS
O campo e a cidade

Edmund WILSON
Os manuscritos do mar Morto
Rumo à estação Finlândia

Simon WINCHESTER
O professor e o louco

1ª edição Companhia das Letras [1990]
1ª edição Companhia de Bolso [2011] 1 reimpressão

Esta obra foi composta pela Verba Editorial em
Amplitude e NuSwift e impressa pela Gráfica Bartira
em ofsete sobre papel Pólen Soft da Suzano S.A.

A marca FSC® é a garantia de que a madeira utilizada
na fabricação do papel deste livro provém de florestas
que foram gerenciadas de maneira ambientalmente
correta, socialmente justa e economicamente viável,
além de outras fontes de origem controlada.